知识产权新型疑难案件法官裁判思维

法治实践前沿丛书

深圳市福田区法学会 主编

深圳市福田区人民法院 编

陈新哲 主编

法律出版社 LAW PRESS·CHINA

《知识产权新型疑难案件法官裁判思维》
编 委 会

主　编：陈新哲（深圳市福田区人民法院院长）

副主编：王欣美（深圳市福田区人民法院知识产权庭分管副院长）

主要撰稿人：

魏　巍（原深圳市福田区人民法院知识产权庭庭长）

严伟辉（深圳市福田区人民法院知识产权庭副庭长）

林　艳（深圳市福田区人民法院知识产权庭法官）

周立雄（原深圳市福田区人民法院知识产权庭法官）

陈　敏（原深圳市福田区人民法院知识产权庭法官）

周　蓓（原深圳市福田区人民法院知识产权庭法官）

姜菁菁（原深圳市福田区人民法院知识产权庭法官）

欧阳珂（原深圳市福田区人民法院知识产权庭法官）

郭　卫（原深圳市福田区人民法院知识产权庭法官）

总　　序

法者，治之端也。法治作为治国理政的基本方式，是实现治理体系现代化和强国战略的重要手段之一。当代中国的法治现代化之路，既包括了中央“自上而下”的顶层规则体系设计，也包括了地方“自下而上”对治理制度体系的执行、参与和推动。自改革开放以来，国家法治建设的推进和制度演变，很多是先从地方探索和实践开始的。在国家法治发展战略的指导下，地方法治对经济社会发展问题进行具体回应，部分地区根据区域经济发展和社会治理的法律需求，先行先试探索新制度、新规范和新路径，有些更是被总结推广为国家制度或法治实践的通行做法。这些法治前沿领域的探索，蕴含制度创新的蓬勃生机与活力，使法治从抽象延伸至具体，呈现出纷繁复杂和丰富多彩的实践智慧，推动着法治中国建设的大潮澎湃、奔涌前行。近年来，中央更是提出了全面推进依法治国的战略部署，开创了中国法治建设的新篇章，“法治中国”建设驶入了“快车道”，特别是在当前全面深化改革的背景下，作为法治国家建设“试验田”的地方法治实践和探索，完全有可能成为最大限度激发制度活力和社会活力、大力推进“法治中国”建设的一股新的重要力量。

百舸争流，奋楫者先。深圳作为改革开放的前沿阵地，在国家战略的支持下，率先进行发展理念的革新和发展方式的变革，取得了举世瞩目的成就。从法治进程的角度来看，深圳特区的建设和发展，本身就是一场中央授权、地方先行的制度变革与法治实践，对国家经济制度及整个社会生产方式的变革产生了巨大而深远的影响。近年来，在新一轮深化改革和法治建设进程中，深圳先后提出了建设“一流法治城市”“法治中国示范城市”，勇当法治建设的“排头兵”“试验田”等法治追求，在制定法治政府建设指标体系、权责清单改革、司法体制改革、商事登记制度改革等领域，继续领跑全国并保持了亮眼的成绩单。其中，福田区作为深圳市辐射能力、综合环境、现代化水平最突出的中心城区，基于辖区在总部经济和现代服务业、金融产业、公共服务、人才交流、国际交往等方面的先发、集聚和辐射优势，法治实践活动呈现出很强的前瞻性、创造性和引领性，展现出法治实践前沿领域的蓬勃生命力，审判权、检察权运行机制改革等做法开全国司法责任制改革之先河，政法工作实务、金融、知识产权等领域的创新和纠纷解决，也都走在了全国法治实践的前沿，为法治中国建设提供了许多有价值的探索和经验。

“自古圣贤之言学也，咸以躬行实践为先。”国家法治进程的推进，既需要法学理论的蓬勃发展，更离不开法治实践的检验、磨砺与融合。鉴于此，深圳市福田区法学会策划和出版“法治实践前沿丛书”，希望从地方法治实践前沿的视角，对相关问题进行梳理与研究，进一步丰富法治中国实践和理论研究的素材和领域，以期为国家法治和制度现代化的整体发展提供有益的经验和研究样本。

“大鹏一日同风起，扶摇直上九万里。”愿在法治中国建设这一宏伟目标的统领下，各地法治实践的创新之泉和智慧成果持续喷涌，支撑国家法治建设的航船昂首致远！愿福田区新时期的法治事业取得更加辉煌的成绩！

*

2018 年 1 月 10 日

* 吴汉东，中南财经政法大学资深教授、博士研究生导师、知识产权研究中心名誉主任，国家知识产权战略咨询专家。

序　一

党的十八大以来，国家知识产权事业发展取得了令人瞩目的巨大成就，知识产权大国地位牢固。习近平总书记在党的十九大报告中提出，“加快建设创新型国家……倡导新文化，强化知识产权创造、保护、运用”。2017 年 11 月 20 日，习近平总书记在十九届中央全面深化改革领导小组会议中再次明确强调，加强知识产权审判领域改革创新，要充分发挥知识产权司法保护主导作用，树立保护知识产权就是保护创新的理念，完善知识产权诉讼制度，加强知识产权法院体系建设，加强知识产权审判队伍建设，不断提高知识产权审判质量效率，优化科技创新法治环境。

深圳市知识产权创造力位居全国前列，知识产权保护力度持续加大，为加快建成更高水平的国家自主创新示范区提供了有力支撑。福田区坚持以知识产权推动转型发展和高端发展，加快建设国家知识产权聚集服务业发展实验区，致力于打造创新创业高地，为深圳创新驱动发展战略实施提供了重要引擎。

深圳市福田区人民法院紧紧围绕全市、全区经济社会发展大局，积极服务保障深圳现代化国际化创新型城市、福田区一流国际化中心城区建设，努力践行“司法主导、严格保护、分类施策、比例协调”的司法政策要求，坚持司法为民、公正司法的工作主线，不断提高知识产权审判质效，使知识产权保护更加适应我国所处的国际国内发展环境，更加适应我国经济社会文化发展新的阶段性特征，更加符合我国文化发展和科技创新的新要求。

《知识产权新型疑难案件法官裁判思维》一书囊括了丰富生动的审判案

例和严谨翔实的调研成果，总结了深圳市福田区人民法院历年来审理的最具代表性的新型疑难案件，详细还原了审判思路，注重解决实际问题，总结了裁判标准和规则，丰富了知识产权法律的内涵，是审判经验的总结，亦是法官裁判智慧的结晶，对知识产权司法实务、知识产权理论研究和法学教育都具有较强的参考价值和指导作用。

深圳市福田区人民法院将以习近平新时代中国特色社会主义思想为引领，深入贯彻落实《深入实施国家知识产权战略行动计划（2014—2020）》，加强知识产权司法保护机制创新，着力破解知识产权审判难题，不断提升知识产权司法保护能力和水平，充分发挥司法保护激发创新活力的独特功能，促进深圳市“加快建设国际科技、产业创新中心”和福田区打造现代金融、专业服务、人文智慧、创新创业“四大高地”战略任务建设，为我国加快建设创新型国家，从“知识产权大国”向“知识产权强国”迈进贡献力量！

陈新哲*

2018 年 1 月 6 日

---

* 陈新哲，深圳市福田区人民法院党组书记、院长。

序　二

司法实践是理论研究的重要基础,理论研究又指导和推动了司法实践。两者之间的互动关系在知识产权制度中尤为明显。随着经济和科技的发展,知识产权司法实践给理论研究带来了更多的机遇和挑战。法官作为司法裁判者,能接触到第一手的案件资源,如果能将其从司法实践中获得的经验进行总结提炼,形成理论研究成果,无疑能大力促进知识产权制度的发展,从而更好地指导司法实践。

深圳市福田区人民法院正有这么一群知识产权法官致力于开展这项工作。深圳市是全国最具代表性的创新型城市,福田区人民法院作为中心区法院,知识产权案件激增,新型疑难复杂的知识产权案件层出不穷。法官们在承担繁重的办案压力之余利用业余时间,笔耕不辍,撰写了大量的典型案例分析和高质量的调研成果,实属可贵。

通过这些案例和调研成果深圳市福田区人民法院总结了历年来审理的最具代表性的新型疑难案件,详细还原了审判思路,注重解决实际问题,总结了裁判标准和规则,丰富了知识产权法律的内涵,是审判经验的总结,亦是法官裁判智慧的结晶。无论对知识产权司法实务,还是知识产权理论研究和法学教育,都具有较强的参考价值。例如,该院审理的 IPTV 案,紧紧抓住了"通过网络进行交互式传播"这个关键要素,准确地认定通过 IPTV 提供的限时回看仍然属于受信息网络传播权控制的行为。再如,对全国首例涉及利用 WAP 转码技术提供手机阅读服务案件的审理,合理地区分了利用中立的技术提供善意的网络服务与故意帮助他人传播侵权作品之间的界限,体现了法官对技术与法律关系的精确把握。

作为筚路蓝缕的开拓者，深圳市福田区人民法院的知识产权法官们展现了迎难而上的改革精神、高超专业的审判水平及较高的学术水平和理论素养。在本书即将付梓之际，衷心希望福田法院知识产权法官们继续开拓创新，也祝愿福田知识产权审判事业越来越好。

王迁*

2018年1月8日

* 王迁，华东政法大学教授、博士研究生导师，中国知识产权法学研究会常务理事。

目　录

上篇
知识产权新型疑难案件

一、著作权民事案件

上篇　知识产权新型疑难案件

一、著作权民事案件

案例1 三网融合环境下 IPTV 侵犯著作权的判定

——乐视网公司诉中国电信深圳分公司信息网络传播权纠纷案

本案要旨

在对 IPTV 技术分析的基础上,认定网络运营商与视听节目服务商行为的性质,进而认定其是否承担侵权责任及如何承担侵权责任。

案情介绍

原告乐视网信息技术(北京)股份有限公司依法享有《男人帮》等影视作品在中国大陆的独家信息网络传播权。2011 年 10 月,原告发现被告中国电信股份有限公司深圳分公司在未经原告授权的情况下,通过被告专有的电视机顶盒及网络点播等形式允许其用户免费或付费点播。原告已委托北京市方正公证处对被告的侵权行为进行了证据保全。被告的行为侵犯了原告的正当权益,给原告造成了重大经济损失。据此,原告请求法院判令:被告向原告赔偿经济损失 6 万元;被告承担本案诉讼费用。

争议焦点

本案中,被告与第三人就该 IPTV 业务存在合作关系,是否属于共同实施网络传播行为的分工。

法院观点

经原国家广播电影电视总局(2013 年与新闻出版总署合并,改名"国家新闻出版广播电影电视总局")批准,第三人可从事 IP 电视集成平台运营管理，经营范围为“以电视机为接收终端的信息网络传播视听节目业务”，被告为 IPTV 集成播控平台与电视用户端之间提供信号传输和相应技术保障。被告及第三人均具备 IPTV 业务资质。另外，根据《关于 IPTV 业务的合作协议》《IPTV 业务合作补充协议》及庭审中当事人的陈述，被告负责 IPTV 媒体传输平台，第三人提供 IPTV 内容运营平台，涉案影视作品由第三人提供，存储于第三人的服务器。第三人未经原告或著作权人许可，通过被告运营的媒体传输平台向被告的 IPTV 网络用户提供涉案电视剧的播放服务，侵犯了原告对该作品依法享有的信息网络传播权。被告与第三人存在 IPTV 业务合作关系，被告负责用户开户、安装、收费，相关公众要成为被告的 IPTV 业务用户才能收看在线播放的电视剧《男人帮》，被告提供的媒体传输平台与第三人提供的内容运营平台链接，被告所提供的并非一般意义上的自动接入、自动传输服务。尽管被告与第三人分工不同，但 IPTV 业务用户实现对涉案电视剧《男人帮》在线观看，是被告、第三人分工合作、共同提供作品的结果。且被告未能提供充分证据证明，其已对其合作单位（本案第三人）在线播放涉案电视剧是否具备相关著作权人的合法授权予以审查。据此，被告与第三人构成共同侵权，应共同承担侵权责任，连带赔偿原告因涉案侵权行为遭受的损失。原告明确在本案中不对第三人提出诉讼请求，系对其诉讼权利的自行处分，故对第三人在本案中应承担的责任不予判处。

裁判结果

深圳市福田区人民法院于 2013 年 12 月 16 日作出（2012）深福法知民初字第 344 号民事判决，依照《中华人民共和国著作权法》第 10 条第 1 款第 12 项、第 48 条第 1 项、第 49 条、《最高人民法院关于审理侵害信息网络传播权民事纠纷案件适用法律若干问题的规定》第 4 条之规定，判决：中国电信深圳分公司赔偿原告经济损失10,000元。宣判后，中国电信深圳分公司提出上诉，深圳市中级人民法院于 2014 年 4 月 20 日作出（2014）深中法知民终字第 328 号民事判决，驳回上诉，维持原判。

思路

IPTV 业务是基于 IP 传输网络,利用宽带接入技术,以机顶盒等其他具有视频编辑解码能力的数字化设备作为终端,通过聚合服务商的各种流媒体服务内容和增值应用,为用户提供多种互动多媒体服务的宽带应用业务。IPTV 业务融合了电信网、广电网、互联网三方面的技术、集中了三方面的优势,创造了新的价值领域,广电运营商拥有丰富的节目内容资源和稳定的用户群体,而电信和互联网运营商则拥有交互技术和网络渠道。目前,国内典型的 IPTV 业务模式是由电信、网通等网络运营商负责网络运营、宽带接入,与拥有 IPTV 运营牌照的视听节目服务商合作,共同开拓市场、收入分成。本案的探讨价值在于,在对 IPTV 技术分析的基础上,如何准确认定网络运营商与视听节目服务商行为的性质,进而认定其是否以及如何承担侵权责任。

被告与第三人之间存在共同实施网络传播行为的分工。共同实施网络传播行为,是指两人以上基于共同的目的,通过分工合作的方式所实施的网络传播行为。在共同实施传播行为的情况下,被告与第三人均直接参与了网络传播行为,只是各自的分工不同。在本案中,根据被告与第三人签订的《关于 IPTV 业务的合作协议》来看,双方是以联合运营品牌的形式开展 IPTV 业务,终端用户要通过 IPTV 系统点播涉案影视作品,其必须先成为被告的客户,将电视与被告提供的机顶盒连接,机顶盒的 ITV 接口与 Modem 连接,Modem 与网络接口连接,才能成功登录 IPTV 系统,登录成功后,会出现“百视通”及“中国电信”标示的选择页面。据此,可以认定,涉案影视作品的点播是由被告与第三人共同直接实施的,二者存在明确分工,通过合作经营以获取经济利益。

被告与第三人之间存在明确的分工,被告提供的并非帮助实施网络传播行为,而是共同实施网络传播行为。帮助实施网络传播行为,是指存在一个直接实施网络传播行为,帮助传播行为人向直接实施人提供了帮助行为,通常该帮助行为仅停留在技术层面。在本案中,根据被告与第三人签订的

《关于IPTV业务的合作协议》及《IPTV业务合作补充协议》，被告需负责IPTV业务支撑系统及基础网络的规划、建设、运营和管理，包括宽带接入、开户安装、计费结算、日常维护、IPTV业务与其他电信业务的捆绑营销等方面。可见被告提供的并非一般意义上的自动接入、自动传输服务。涉案作品的点播观看，是被告、第三人分工合作、共同提供的结果。

审判两个（或以上）主体共同侵犯信息网络传播权的案件，关键在于准确认定涉嫌共同侵权行为人的行为性质，通过对其行为性质的准确认定，从而判断其是否以及如何承担相应法律责任。

值得注意的是，网络技术的发展日新月异，推动着商业模式演变的纷繁多变。上述裁判思路并不适用于所有IPTV版权侵权纠纷，因为IPTV合作模式本身就是多样化的，并且还在不断演变发展。审判两个（或以上）主体共同侵犯信息网络传播权的案件，关键在于准确认定涉嫌共同侵权行为人的行为性质，通过对其行为性质的准确认定，从而判断其是否以及如何承担相应法律责任。

案例2 手机网络服务侵犯著作权的司法判定

——蔡某诉深圳市宜搜科技发展有限公司侵犯著作权纠纷案

本案要旨

在现有技术条件下，手机上网搜索、阅读小说作品通常需要进行格式转换。判断手机上网搜索、阅读领域中网络服务提供商的著作权侵权责任，须以准确认定该网络服务提供商所提供的服务性质为前提，并在此基础上进一步判断该网络服务提供商的行为是否符合著作权直接侵权或者间接侵权的构成要件。

案情介绍

原告蔡某是以创作悬疑小说为主的作家，中国作家协会会员，曾获得2000年"贝塔斯曼·人民文学"新人奖、2005年新浪年度图书奖等荣誉，在业界享有较高知名度。原告起诉称被告深圳市宜搜科技发展有限公司未经原告许可，也未在合理期限内向原告支付报酬的情况下，通过其www.easou.com网站传播原告拥有著作权的小说《玛格丽特的秘密》，该作品共计210千字。原告诉称，被告的上述行为严重侵犯了原告的信息网络传播权和获得报酬权。

争议焦点

1.被告就涉案小说阅读提供网络服务的性质如何认定？

2.被告就涉案小说阅读提供网络服务的行为是否构成侵权？

法院观点

就第一个争议焦点，法院认为：在被告搜索网页上，通过在搜索框中输入关键字的方式对涉案小说进行搜索、阅读，是通过客户端链接到第三方网站上实现的，即提供小说阅读内容的是第三方网站，而非被告网站。原告提交的证据不足以证明被控侵权小说内容存储于被告服务器中，亦不足以否定被控侵权小说内容来源于第三方网站的事实。被告就涉案小说阅读所提供的服务为搜索、链接服务。

就第二个争议焦点，法院认为：原告明确其主张被告存在的侵权事实为被告作为网络服务提供商，对原告享有权利的文字作品进行深度链接、搜索，将涉案小说内容提供给网民，若第三方网站未经原告许可而传播涉案作品，则该第三方网站直接实施了侵犯原告信息网络传播权的行为，构成直接侵权。被告作为提供搜索、链接服务的网络服务提供者，在本案中并不存在直接侵权行为，若被告明知或应知所链接的作品侵权而提供实质性帮助，则可能构成间接侵权。因此，认定被告是否应当承担本案侵权责任的关键在于，被告是否明知或应知所链接的作品侵权，其主观上是否具有侵犯他人信息网络传播权的过错。搜索引擎技术是在互联网发展过程中出现的一项新技术，其服务宗旨是帮助互联网用户在浩如烟海的信息中迅速定位并显示其所需要的信息。伴随搜索引擎技术的发展，针对不同类型数据格式文件提供的专业性搜索服务应运而生，搜索范围遍及整个互联网空间中未被禁链的每个网络站点，搜索内容来源并受控于上载作品的网站。由于互联网各类信息数量巨大、内容庞杂、流转迅速，要求设链网站对所链接的全部信息内容是否存在侵权先行作出判断和筛选，无论在技术能力和经济能力上都是难以实现和不切实际的。文学作品亦不同于影视、音乐作品，基于文学作品的特性，搜索引擎对所搜索文学作品内容是否侵犯他人知识产权不具有预见性、识别性和控制性。如果被链接网站没有采取禁链措施，对于搜索引擎服务系统而言，意味着对该网站可以互联互通、信息共享。就为涉案小说阅读提供的搜索引擎服务而言，被告不存在明知或应知被链接网站构成侵权的情形，并不具有侵犯他人信息网络传播权的主观过错。在原告不能证明被告对链接作品可能侵犯他人权利系明知或应知的情况下，将可能构成侵犯原告信息网络传播权的被链接网站上载行为的法律责任交由搜索引擎服务商承担，缺乏法律依据。被告收到原告有关被控侵权行为的通知后，已采取相应措施停止被控侵权行为，其行为符合法律规定。

裁判结果

深圳市福田区人民法院依照《中华人民共和国民事诉讼法》第64条第1款、《信息网络传播权保护条例》第23条之规定，判决驳回原告蔡某的诉讼请求。

思路

准确认定被告就涉案小说阅读提供网络服务的性质，并在此基础上判断被告行为是否符合著作权侵权的构成要件，是处理本案的关键。

一、关于被告就涉案小说阅读提供网络服务的性质认定

随着科学技术的发展，通过手机上网已成为人们上网的一种普遍方式。从技术角度来讲，任何在网络环境中发生的侵权行为，都不可能离开网络服务提供商的硬件设施和软件系统。一般互联网网站是针对台式电脑、笔记本电脑等配有较大显示屏和较强多媒体处理能力的传统终端设计的，网页采用的是HTML格式（Hypertext Markup Language，超文本标记语言）。手机屏幕小，多媒体处理能力较弱，直接进入网站浏览网页难以正常进行，不仅会出现乱码，而且视频、图片、动画等内容会消耗过多时间和流量。在当前条件下，解决手机用户浏览互联网网页的技术是WAP（Wireless Application Protocol，无线应用通信协议）转码技术。通过WAP转码技术，上述HTML格式被转换成适合手机的WML格式（Wireless Markup Language，无线标记语言），从而使手机用户实现与互联网的连接，进而能够获取丰富的互联网信息。HTML到WML的格式转换通常是通过转换器来实现的，主要是基于HTML与WML格式的不同进行相应调整，并且对网页内容进行压缩和筛选，转换后

的网址栏将带有与被转换页面的 URL(Uniform Resource Locator,统一资源定位符)相关的参数,即地址栏内容由两部分组成:"转换程序?参数名=转换页面的 URL(网址)",其中转换程序亦用 URL(网址)格式来表示。

本案中,原告证据(2009)京方正内民字第 08754 号公证书有关《玛格丽特的秘密》的显示页面,与被告证据即安证鉴定所《司法鉴定检验报告书》有关《猫眼》的显示页面具有相同的技术特征和表现形式,只是《司法鉴定检验报告书》显示了完整的网址内容,其中 http://b. esou. com 是表示转换程序的 URL(网址),http://cuiweiju. com 是被转换页面的 URL(网址),可以据此判断所阅读的原告小说《猫眼》内容来源于网站 http://cuiweiju. com。而上述公证书有关《玛格丽特的秘密》的显示页面网址不完整,未能显示被转换页面的 URL(网址),无法根据有关被转换页面 URL(网址)信息准确判断被控侵权小说的来源网站。

在一般情况下,被告主张其就被控侵权小说搜索、阅读提供的服务为搜索、链接服务,应就被控侵权小说来源于第三方网站的事实承担举证责任。考虑本案的现实情况,原告第一次庭审时才提交本案关键证据即公证书所附光盘,被告第一次庭审时已停止被控侵权行为,而互联网具有信息量大且更新速度快的特点,被告客观上无法就被控侵权小说具体来源网站进行举证,故应认定无法准确判断被控侵权小说来源网站的原因并不可归责于被告。从原告取证的涉案公证书显示内容来看,有关小说《玛格丽特的秘密》的搜索、阅读页面已注明被控侵权小说来源于"春雨文学",并且该显示页面所具有 WAP 转码技术的一般显示特征,根据高度盖然性证据认定原则,可以判断被控侵权小说内容来源于第三方"春雨文学"网站。

基于上述分析,法院对被告就涉案小说阅读提供网络服务的性质进行了准确认定,即被控侵权小说内容来源于第三方"春雨文学"网站,被告就涉案小说阅读所提供的服务为搜索、链接服务。

二、被告就涉案小说阅读提供网络服务的行为是否符合著作权侵权的构成要件,是否构成侵权

著作权间接侵权是相对于直接侵权而言的,是指行为人并未直接实施

受著作权专有权利控制的直接侵权行为，而是其行为与他人直接侵权行为存在特定关系，可基于公共政策原因而被界定为侵权行为。这类行为构成侵权的原因并非其直接侵犯了著作权人的专有权利，因而被称为间接侵权。将间接侵权行为界定为对著作权的侵犯是出于适当扩大著作权保护范围的政策考量以及这些行为的可责备性须以行为人构成主观过错为构成要件。间接侵权的类型主要包括：(1)教唆、引诱他人侵权或故意帮助他人侵权；(2)直接侵权的预备行为和扩大侵权后果的行为。依照《信息网络传播权保护条例》规定，对提供搜索、链接服务的网络服务提供者，权利人认为其服务所涉及的作品侵犯自己信息网络传播权的，可以向该网络服务提供者提交书面通知，要求网络服务提供者删除该作品或者断开与该作品的链接；网络服务提供者为服务对象提供搜索或链接服务，在接到权利人的通知后，根据该条例规定断开与侵权产品链接的，不承担侵权责任，但明知或应知所链接的作品侵权的，应当承担共同侵权责任。被告就涉案小说阅读所提供的服务为搜索、链接服务，小说阅读内容来源于第三方“春雨文学”网站，故直接实施侵犯原告信息网络传播权行为者系“春雨文学”网站。被告作为搜索、链接服务的网络服务提供者，在本案中并不存在直接侵权行为。若被告明知或应知所链接的作品侵权而为其提供实质性帮助，则可能构成间接侵权。

技术是中立的，手机上网服务的WAP转码技术本身并不涉及侵犯著作权问题，可能构成侵权的情形需要结合技术使用者的具体使用方式和主观意图来确定。若手机搜索引擎服务商将高知名度的信息作为搜索关键词，或未遵守《信息网络传播权保护条例》规定的“通知—删除”规则，可能被认为主观上存在过错从而承担间接侵权的法律责任。认定被告是否应当承担侵权责任的关键在于，其是否明知或应知所链接的作品侵权，其主观上是否具有侵犯他人信息网络传播权的过错。网络服务商并没有监视网络的义

技术是中立的。认定被告是否应当承担侵权责任的关键在于，其是否明知或应知所链接的作品侵权，其主观上是否具有侵犯他人信息网络传播权的过错。

务，在网络系统中有侵权信息存在和传播这一事实本身并不足以证明网络服务提供商具有过错。网络服务商不知晓或没有合理的理由知晓侵权行为，或者知道后采取措施制止侵权行为的，应认定为没有主观过错。搜索引擎技术是互联网发展过程中出现的一项新技术，而互联网各类信息数量巨大、内容庞杂、传播迅速，要求设链网站对所链接的全部信息内容是否存在侵权先行作出判断和筛选，无论在技术能力和经济能力上都是难以实现和不切实际的。文学作品亦不同于影视、音乐作品，基于文学作品的特性，搜索引擎对所搜索文学作品内容是否侵犯他人知识产权不具有预见性、识别性和控制性。如果被链接网站没有采取禁链措施，对于搜索引擎服务系统而言，意味着对该网站可以互联互通、信息共享。就涉案小说阅读提供的搜索引擎服务而言，被告不存在明知或应知被链接网站构成侵权的情形，并不具有侵犯他人信息网络传播权的主观过错。在原告不能证明被告对链接作品可能侵犯他人权利系明知或应知的情况下，将可能构成侵犯原告信息网络传播权的被链接网站上载行为的法律责任交由搜索引擎服务商承担，缺乏法律依据。被告收到原告有关被控侵权行为的通知后，已采取相应措施停止被控侵权行为，其行为符合法律规定的“通知—删除”规则。

综上，被告就涉案小说阅读提供网络服务的行为没有违背技术中立的原则，不构成侵权，法院据此判决驳回原告的全部诉讼请求是妥当的。

案例 3 著作权法保护思想表达而不保护思想本身

——深圳市点石数码科技有限公司诉深圳市长城投资控股股份有限公司等侵犯著作权纠纷案

本案要旨

著作权法保护思想观念的表述，并不保护思想观念本身，作者不能将自己作品中体现的思想观念据为己有；对于同样的思想观念，他人可以自由利用或进行原创性的再表述，由此形成的表述或作品，同样可以得到著作权法保护。

案情介绍

《长城世家》是东莞市莞深长城地产有限公司委托北京水晶石数字科技有限公司深圳分公司（以下简称水晶石公司）为其经营的松山湖长城世家项目所制作的三维影视广告片，著作权归属于莞深长城公司，署名作者长城控股公司、长城地产公司、莞深长城公司。水晶石公司于 2008 年 4 月将其制作的《长城世家》三维影视片交付于长城地产公司，通过验收并交付使用。

2007 年 1 月深圳市点石数码科技有限公司（以下简称点石数码公司）受荣超公司委托设计制作了一部名为《荣超侨香诺园》的三维影视片并于同年 7 月完成交付，该影视片著作权归点石数码公司所有。2007 年 11 月，长城控股公司、长城地产公司、莞深长城公司与点石数码公司就长城世家房地产项目制作三维影视片事宜沟通协商，在洽谈过程中，点石数码公司向对方提交了《荣超侨香诺园》光盘并重点介绍了“流体动力学模拟”和“三维动画生长”制作技术核心，双方后因工期与费用问题未能达成合作协议。

2008 年 12 月点石数码公司工作人员在搜房网浏览《长城世家》三维影

视广告片时发现该片与《荣超侨香诺园》非常相似,对比后认为《长城世家》影视片在影片构思、表现手法、镜头运用顺序、情节等方面完全抄袭《荣超侨香诺园》影视片。点石数码公司控告长城控股公司、长城地产公司、莞深长城公司的行为侵犯了其对《荣超侨香诺园》影视片享有的著作权,追加水晶石公司作为本案的共同被告。

争议焦点

1. 原告是否享有三维影视片《荣超侨香诺园》的著作权?

2. 三维影视片《长城世家》是否与《荣超侨香诺园》构成实质相似?各被告是否侵犯了涉案《荣超侨香诺园》权利人所享有的著作权?

法院观点

争议焦点1:依照法律规定,如无相反证据,在作品或制品上署名的自然人、法人或其他组织视为著作权、与著作权有关权益的权利人;当事人提供的涉及著作权的原件、合法出版物、取得权利的合同等,可以作为证据。本案中,原告为证明其系涉案三维影视片《荣超侨香诺园》的著作权人,向法院提交了《荣超侨香诺园》三维影视片光盘、《荣超侨香诺3D影视宣传片及网站合同》、交付证明、付款证明及获奖证书。上述三维影视片《荣超侨香诺园》播放过程显示,该影片制作者为原告。法院认为,上述证据能形成完整的证据链条,证明涉案三维影视片《荣超侨香诺园》的作者、著作权人均系原告。各被告虽有异议,但未提交相反的证据予以证实,应依法承担举证不能的法律后果。因此,涉案三维影视片《荣超侨香诺园》的著作权人系原告。

争议焦点2:关于三维影视片《长城世家》是否与《荣超侨香诺园》构成实质相似以及各被告构成侵权的问题。三维影视片《长城世家》与《荣超侨向诺园》均系商品住宅项目的宣传片,在制作上均运用了"流体动力学模拟技术"和"三维动画生长技术",且均包括项目介绍、主体结构、室内装饰及自然环境等内容。另据法院查明事实,应用于房产项目宣传的三维影视片《荣超侨香诺园》由原告创作完成后,荣超公司将上述影视片进行了对外传播,被告长城控股公司、长城地产公司、莞深长城公司作为与深圳有关的房产项目经营者，曾安排其公司职员就三维影视宣传片制作事宜与原告进行了沟通，此后又与被告水晶石公司签订了三维影视宣传片制作合同，故可认定，各被告均有可能接触三维影视片《荣超侨香诺园》的具体内容。但是，从三维影视片《长城世家》与《荣超侨香诺园》的表达形式来看，两者并不构成实质相似。首先，“流体动力学模拟技术”和“三维动画生长技术”是三维动画制作的常规通用技术，也是三维动画师们广泛使用的一种技术，并不是原告所独享的专利或专有技术。原告可以使用上述两种技术为房地产开发商制作三维动画宣传片，包括被告水晶石公司在内的其他主体同样可以使用上述技术为房地产项目进行三维动画宣传。本案中，原告对其运用上述两种技术创作的三维影视片《荣超侨香诺园》享有著作权，被告水晶石公司同样有权接受被告莞深长城公司的委托，并运用上述两种技术为房地产项目制作三维影视宣传片，并不能因为被告水晶石公司制作的《长城世家》具有与《荣超侨香诺园》相同的技术特征而认定两者构成实质相似。其次，从三维影视片《长城世家》与《荣超侨香诺园》的用途来看，两者均应用于商品住宅项目的推广、宣传，影视片中出现项目介绍、主体结构、室内装饰及自然环境等内容实属正常。最后，著作权法只保护思想观念的表述，并不保护思想观念本身，作者不能将自己作品中体现的思想观念据为己有；对于同样的思想观念，他人可以自由利用或自由进行原创性的再表述，由此形成的表述或作品，同样可以得到著作权法的保护。综合考虑上述因素，三维影视片《长城世家》与《荣超侨香诺园》虽在构思、表现手法及具体内容等方面有相似的成分，但两者在总体表达形式上并不构成实质相似，被告水晶石公司制作的三维影视片《长城世家》并未侵犯原告就三维影视片《荣超侨香诺园》所享有的著作权。

裁判结果

深圳市福田区人民法院依照《中华人民共和国著作权法》第9条第1项、《最高人民法院关于审理著作权民事纠纷案件适用法律若干问题的解释》第 7 条、《中华人民共和国民事诉讼法》第 64 条第 1 款之规定，判决驳回原告点石数码公司的诉讼请求。原告不服一审判决，提起上诉。广东省深圳市中级人民法院终审判决驳回原告上诉，维持原判。

思路

准确适用著作权法中的思想与表达两分法原则，是审理本案的关键。根据思想与表达两分法原则的要求，著作权法只保护思想观念表达而不保护思想观念本身，作者不能将自己作品中体现的思想观念据为己有，对于同样的思想观念，他人可以自由利用或自由进行原创性的再表述，由此形成的表述或作品，同样可以得到著作权法的保护。

一、著作权法中的思想与表达两分法原则

著作权法只保护思想观念表达而不保护思想观念本身。

思想与表达两分法原则是著作权法中的重要原则，该原则的核心内容系著作权法只保护思想观念的表达而不保护思想观念本身。世界贸易组织《与贸易有关的知识产权协议》(Agreement on Trade-Related Aspects of Intellectual Property Rights, TRIPs)第 2 部分第 9 条第 2 项规定："著作权保护应及于表达方式，但不延及思想、程序、操作方法或数学概念本身。"1976 年美国《著作权法》第 102 条第 2 款规定："在任何情况下，对于作者原创性作品的著作权保护，都不延及思想观念、陈述、工艺、系统、操作方法、概念、原则和发现，无论它们在该作品中是以何种形式描述、解释、说明或体现的"。

作品作为思想观念的表达形式，思想观念与表达都是作品构成中不可或缺的部分，任何作品都包含了思想观念与表达。著作权法意义上的思想观念，其含义要比通常所说的思想观念更宽泛，不仅包括概念、术语、原则、客观事实、创意、发现等内容，还包括属于专利法保护的发明、程序、工艺和方法等内容。但上述美国《著作权法》、TRIPs 的规定，都佐证著作权保护不延及程序、工艺、系统、操作方法等内容。著作权法意义上的表述,则是对于上述思想观念的各种形式或方式的表达,如文字的、音符的、线条的、数字的、色彩的、造型的、形体动作的表述等形式。作品中体现的思想可以以不同的表达方式予以体现。针对同一思想的不同表达方式,不同作品可以分别获得独立的著作权。任何著作权都是就特定思想的特定表达所享有的专有权利。作品中不被保护的思想和被保护的表达之间的区分,是划分著作权保护的部分和不受保护的部分的标准。著作权保护不能延伸到作品中包含或体现的思想,而只能延伸到作品中这些思想的特定表达。

著作权法对"表达"的保护是为了激励人民创造出更多作品,从而促进社会福利最大化和人类文明发展,而排除对"思想"的保护则是为了减少社会使用知识的成本,并避免通过保护思想而钳制人们的思想自由,阻碍社会进步。在司法实践中,思想与表达两分法原则可以理解为对著作权侵权的抗辩理由。当被告只是从原告作品中复制了思想观念而没有取走其作品表达时,就不构成著作权侵权。

二、涉案三维影视作品《长城世家》与《荣超侨香诺园》的具体表达形式差异明显,不构成实质相似,原告主张的侵权行为不能成立

著作权法只保护思想观念的表达,不保护思想观念本身,两者的界限似乎很清楚。但是,任何表述都不可能与一定的思想观念截然分离,不体现任何思想观念的表述是不存在的。某一思想观念在什么程度上还停留在不受保护的层次上,在什么程度上已经具体化为受保护的表述,并没有统一的尺度。在具体的司法实践中,什么是不受著作权法保护的思想观念,什么是受著作权法保护的表达形式,或者被告"抄袭"的是原告作品中的思想观念还是原告作品中的表达形式,就成了判断侵权与否的关键,应由法院在具体的侵权诉讼中予以界定。

具体到本案,三维影视片《长城世家》与《荣超侨香诺园》的表达形式,均采用了动画制作技术"流体动力学模拟技术"和"三维动画生长技术",在制作建筑物结构和样板房结构动画时的创意、构思、部分镜头编排顺序和一些画面元素使用等方面均具有相似成分,但两者关于开发商介绍、楼盘 logo 名

称、自然环境、建筑物外形、样板房格局和内饰等具体画面均不同。首先,“流体动力学模拟技术”和“三维动画生长技术”既是三维动画制作的常规通用技术,也是三维动画师们广泛使用的一种技术,并不是原告所独享的专利或专有技术,且技术制作手法本身不属于著作权法保护范围。原告可以使用上述两种技术为房地产开发商制作三维动画宣传片,包括被告水晶石公司在内的其他主体同样可以使用上述技术为房地产项目进行三维动画宣传。本案原告对其运用上述两种技术创作的三维影视片《荣超侨香诺园》享有著作权,被告水晶石公司同样有权接受被告莞深长城公司的委托并运用上述两种技术为房地产项目制作三维影视宣传片,并不能因为被告水晶石公司制作的《长城世家》具有与《荣超侨香诺园》相同的技术特征而认定两者构成实质相似。其次,影视作品制作创意、构思、镜头编排等属于作品思想范畴,不属著作权法保护内容。从三维影视片《长城世家》与《荣超侨香诺园》的用途来看,两者均应用于商品住宅项目的推广、宣传,影视片中出现项目介绍、主体结构、室内装饰及自然环境等内容实属正常。最后,从作品具体表达来看,《长城世家》与《荣超侨香诺园》关于开发商介绍、楼盘logo名称、自然环境、建筑物具体结构、样板房装修格局等画面均不同。基于上述分析,虽然《长城世家》存在对《荣超侨香诺园》作品构思、创意、制作技法等方面的借鉴、引用和模仿,但这些属于作品思想范畴,是著作权法可以允许的行为,《长城世家》与《荣超侨香诺园》具体表达差异明显,不构成实质相似。

判定著作权侵权的基本原则为“接触+实质相似-合法性”原则。

在我国目前的司法实践中,判定著作权侵权的基本原则为“接触+实质相似-合法性”原则,即原告欲指控被告侵犯其著作权,必须举证证明其创作了某作品、被告存在接触该作品的可能、被控侵权作品与原告作品表达形式上构成实质相似且被告的“抄袭”行为没有合法依据。本案中,原告虽已举证证明其系三维影视作品《荣超侨香诺园》的作者以及各被告均有接触上述作品的可能，但被控侵权作品《长城世家》与《荣超侨香诺园》在具体表达方式上差异明显，不构成实质相似，人民法院依法可判定原告指控的侵权行为不能成立。

案例 4 APP 软件图形用户界面著作权保护的认定

——精准分众公司诉第一推公司侵犯著作权纠纷案

本案要旨

APP 软件图形用户界面在认定构成独立作品时，应符合“独创性”和“思想与表达两分法”的要求。

案情介绍

原告精准分众公司受其客户委托，开发了“万科白鹭郡”和“嘉旺”两款 APP 软件。被告第一推公司未经原告许可在其网站中以案例介绍的方式，刊登了原告上述两款 APP 软件的图形用户界面截屏。原告主张被告侵犯了其计算机软件的著作权，诉至法院。

法院经审查认为，被告并未使用涉案计算机软件的源程序或目标程序。因此，被告行为不构成对原告计算机软件著作权的侵犯。原告对涉案 APP 软件图形用户界面是否享有独立的著作权，即涉案 APP 软件图形用户界面是否构成独立的作品，应根据其具体组成要素作出判断。其中，菜单、按钮的名称有些仅表明相应的功能，属于软件的操作方法，有些则属于通用词语或通用词语的简单组合，不具有独创性；操作流程属于具有实用性的操作方法；界面布局仅是一种简单的排列组合，并无明显区别于同类用户界面的独特之处，不具有独创性；提示框的设计只是一种通用的表达，亦不具有独创性；图标是行业内的通用图案，不具有独创性；照片、文字等客户素材系由客户所提供，原告亦未举证其系该部分内容的有关著作权人，故原告无权就该部分内容主张著作权。因此，原告对涉案 APP 软件的图形用户界面并不享有独立的著作权。故判决驳回原告的诉讼请求。

争议焦点

原告对其软件运行的用户界面是否享有独立的著作权。

法院观点

用户界面是计算机程序在计算机屏幕上的显示与输出，具有较强的实用性。著作权法所称作品，是指文学、艺术和科学领域内具有独创性并能以某种有形形式复制的智力成果。可见，著作权法只保护具有独创性的表达，任何实用性的因素，包括操作方法、实用功能等内容都不在著作权法的保护范围之内。涉案用户界面能否获得著作权法的保护，其必须在实用性之外还具有独创性。原告对涉案用户界面是否享有独立的著作权，本院根据涉案用户界面的具体组成要素分析如下。

（一）关于菜单和按钮的名称

"嘉旺"软件用户界面中的菜单和按钮包括"我要订餐""我的订餐""我的收藏""我的资料""下单""人气""价格""名称""收藏""返回""搜索""加入购物车""确认订单""继续下单"等内容；"万科白鹭郡"APP软件用户界面中的菜单和按钮包括"楼盘图片""楼盘动态""楼盘介绍""户型介绍""全景看房""预约看房""房贷计算器""返回""关闭""更多""一键拨号""预约看房""一键导航"等内容。上述菜单和按钮名称或表明了相应的功能，属于软件的操作方法，如"下单""返回""搜索""加入购物车""关闭"，等等；或属于通用词语或通用词语的简单组合，如"人气""价格""名称""楼盘图片""楼盘动态"，等等，不符合著作权法对作品独创性的要求，不受著作权法的保护。

（二）关于操作流程

"嘉旺"APP软件的操作流程为：主页面—我要订餐—选中分店—选中套餐下单—确认订单。上述操作流程属于具有实用性的操作方法，不在著作权法的保护范围内。

（三）关于界面布局、提示框

涉案软件的用户界面各要素的整体布局，仅是一种简单的排列组合，并无明显区别于同类用户界面的独特之处，不具有独创性。提示框的设计只是一种通用的表达，亦不具有独创性。

（四）关于图标

涉案用户界面中使用的图标是行业内的通用图案，不具有独创性。即使部分图标具有独创性，但原告亦未举证证明是其所独创，故原告无权就图标部分主张著作权。

（五）关于照片、文字等客户素材

根据原告与长沙万科公司的约定，“万科白鹭郡”软件中的所有素材文件资料由长沙万科公司提供，可见该软件用户界面中展示的楼盘照片、户型图、楼盘简介的文字等内容并非由原告所创作，原告亦未举证其系该部分内容的有关著作权人，因此，原告无权就该部分内容主张著作权。对于“嘉旺”APP软件而言，虽然在原告提交的合同中未见素材文件资料由客户提供的约定，但一般而言，原告系受客户委托而开发涉案软件，“嘉旺”的菜品照片等素材应当系由客户提供，除非原告能举证证明该部分内容系由其所创作或者原告系该部分内容的有关著作权人，但原告并未举证证明，因此，原告亦无权就该部分内容主张著作权。

综上，原告对涉案软件的用户界面并不享有独立的著作权。

裁判结果

深圳市福田区人民法院作出判决：驳回原告深圳市精准分众网络科技有限公司的诉讼请求。

一审判决后，原被告均未上诉。

思路

所谓图形用户界面，是指电子产品的软硬件系统通过在屏幕上使用图形的方式与用户之间进行数据传递和操控交互的桥梁和中介。很多APP软件的图形用户界面一方面包含了艺术性、美观性的艺术价值,另一方面又需要相应功能的实现和易操作性,因而具有功能性。

随着信息技术的快速发展和智能手机用户的大量增长,APP软件的应用越来越广泛,设计美观、操作简便、体验良好的图形用户界面则能让该款APP软件赢得更多用户的青睐,取得更大的商业价值。相应地,APP软件图形用户界面的知识产权司法保护需求日益迫切。APP软件图形用户界面兼具美学性和功能性的特征使对其的知识产权保护模式主要集中于著作权和专利权。

就APP软件图形用户界面的著作权保护而言,有两种可能途径。一种是通过对计算机软件源程序的著作权保护来实现。因图形用户界面系软件源程序运行的显示结果,如果被控侵权的图形用户界面对应的软件源程序使用了他人软件的源程序,则可以主张计算机软件著作权侵权。但本案被告仅是将原告APP软件图形用户界面的截屏刊登在其网站中,其并未使用原告软件的源程序,故这一保护途径在本案情形中并不可行。另一种途径是通过图形用户界面的作品性来实现保护。随着用户界面带来的商业价值的增长,软件开发人员对其日益重视,通过大量专业人员的设计,许多软件用户界面具有了较高的美学价值,从而使其本身符合著作权法上对于作品的要求。

在判断图形用户界面是否构成独立作品,需要遵循著作权法中的两个原则:一是独创性。所谓独创性,是指独立创作,并且具有一定程度的智力创造性。本案中,涉案软件图形用户界面中部分菜单、按钮、界面布局、提示框、图标属于通用名称,缺乏独创性而被排除在著作权法保护范围之外。二是思想与表达两分法。著作权法不保护抽象的思想、操作方法、技术方案和实用功能,而只保护思想的具体表达。这一原则是为了平衡著作权人利益和公共利益而确立的,防止因过度保护著作权人的利益而损害公共利益。因软件用户界面兼具艺术性和功能性的特征,往往会导致思想与

判断是否构成独立作品,需遵循的原则:一是独创性;二是思想与表达两分法。

表达两分法原则在其适用中难以划分二者界限。只有当软件用户界面的艺术成分独立于其实用功能而存在时,其艺术成分才能获得著作权法的保护,本案涉案软件图形用户界面中的操作流程和操作方法则属于思想的范畴,未被列入著作权法保护的范围。

软件图形用户界面的价值已逐渐获得社会认可,技术的发展必然要求知识产权法律制度对其作出回应。虽然本案的软件图形用户界面因不符合著作权法对作品的基本要求而未受到著作权法的保护,但对于符合作品构成要件的软件图形用户界面应作为独立的作品予以著作权法的保护,以鼓励创作、激励创新。

案例 5 以适当提高赔偿数额的方式替代停止侵权的适用情形

——奥雅公司与长城家具公司侵害著作权纠纷案

本案要旨

虽然在知识产权侵权诉讼中，若侵权成立，法院通常会判令停止侵权，但若判令停止侵权会造成社会资源浪费，损害社会公共利益，此时应允许在适当提高赔偿数额的前提下，限制停止侵权的适用，以平衡知识产权权利人利益和社会公众利益。

案情介绍

原告深圳市奥雅实业有限公司经著作权人香港奥雅装饰材料有限公司授权，享有美术作品《云锦霞裳（AY6856 - 02 - 20101）》《吹花嚼芯（AY6856 - 01 - 20501）》的复制权、发行权、出租权、展览权、表演权、放映权、广播权、信息网络传播权、摄制权、改编权、翻译权、汇编权，基于这些权利其同时享有在中国大陆的维权权利。

被告深圳长城家具装饰工程有限公司未经许可，从他人处购买印有“云锦霞裳”“吹花嚼芯”美术作品的墙纸用于其承接的位于上海市某新建楼盘的装修工程。为此，原告诉至深圳市福田区人民法院，请求判令：（1）被告停止侵犯原告具有著作权专有使用许可的两款墙纸，并向原告分别赔偿经济损失 94.4 万元和 53.6 万元；（2）被告承担本案全部诉讼费用。原告于庭审时主张被控侵权产品已经全部贴在墙上，其停止侵权的诉讼请求具体指要求被告全部销毁已经使用的部分。

在诉讼过程中，被告向法院提交了一份《墙纸购销合同》（被告将该合同中供货单位名称及供货金额涂黑,无法显示供货单位名称及供货金额),以证明其在施工过程中使用的墙纸是在市场购买。被告为了证明原告曾经以不合理方式要求被告购买其墙纸,向法院提交了一份《销售合同》。该合同约定被告向原告购买型号分别为AY6856-1、AY6856-2的两款墙纸用于上海市某新建楼盘的装修工程,数量分别为6700m^2和11800m^2,总金额为148万元。该合同上仅有原告盖章,被告未盖章签字。

争议焦点

确定被告侵权后如何判定其应当承担的责任。

法院观点

原告经著作权人香港奥雅装饰材料有限公司许可,在许可期限内独家享有涉案作品的复制权、发行权、展览权等权利,原告据此有权以自身名义主张涉案作品的上述权利。被告未经原告许可,向他人购买被控侵权墙纸使用于其承包施工的某新建楼盘房间内,该行为实为被告向其发包方销售被控侵权墙纸的行为,侵犯了原告美术作品的发行权。原告与被告曾就被告向原告购买印有原告美术作品的墙纸事宜进行洽谈,可见被告应当知道原告可能系涉案作品的相关权利人,而且被告拒绝提供其所使用墙纸的供货来源,因此被告未举证证明其已尽合理的著作权注意义务,据此可以认定被告具有过错,因此被告应当承担相应的赔偿责任。因当事人未举证证明原告因侵权遭受损失以及被告因侵权获取利益之金额,法院综合考虑涉案作品的类型、侵权的性质、范围、情节以及原告为制止侵权所支出的合理费用,酌情确定被告向原告赔偿经济损失及为制止侵权的合理开支两案共计10万元。

原告主张被告全部销毁被控侵权产品,因涉案楼盘已开始向公众销售,销毁被控侵权产品将会影响广大小区业主的利益,造成社会资源的浪费,且法院判令被告赔偿原告经济损失的金额,已经使原告获得了有效的权利救济,弥补了原告的利益损失,故法院对原告该项诉讼请求不予支持。

裁判结果

深圳市福田区人民法院判决：第一，深圳长城家具装饰工程有限公司应当自本判决生效之日起10日内赔偿深圳市奥雅实业有限公司经济损失及为制止侵权的合理开支两案共计10万元；第二，驳回深圳市奥稚实业有限公司的其他诉讼请求。两案案件受理费共计22,400元由深圳长城家具装饰工程有限公司负担。

一审宣判后，被告不服提出上诉。深圳市中级人民法院二审判决驳回上诉，维持原判。

思路

《最高人民法院关于当前经济形势下知识产权审判服务大局若干问题的意见》第15项明确规定："如果停止有关行为会造成当事人之间的重大利益失衡，或者有悖社会公共利益，或者实际上无法执行，可以根据案件具体情况进行利益衡量，不判决停止行为，而采取更充分的赔偿或者经济补偿等替代性措施了断纠纷。权利人长期放任侵权、怠于维权，在其请求停止侵害时，倘若责令停止有关行为会在当事人之间造成较大的利益不平衡，可以审慎地考虑不再责令停止行为，但不影响依法给予合理的赔偿。"可见，虽然判令停止侵权是知识产权侵权成立时的一般原则，但也存在以适当提高赔偿数额的方式替代停止侵权的例外情形。本案即是适用这一例外情形的典型案例，其适用这一例外情形的法理基础为知识产权中的利益平衡原则。

以适当提高赔偿数额的方式替代停止侵权的例外情形的法理基础为知识产权中的利益平衡原则。

利益平衡原则是知识产权法的基本原则和精神。在著作权领域，制度设计在保护著作权人利益的基础上，也必须考虑社会公共利益，以实现两者之间的动态平衡，达到社会共赢。如何在司法实践中灵活运用知识产权利益平衡原则，是法官在审理案件中必须考量的问题。

就本案而言，若支持原告提出的销毁被控侵权产品的诉讼请求，因涉案楼盘已开始向公众销售，这就意味着要拆除所有已经装修好的室内墙纸，必将影响广大小区业主的利益，造成社会资源的巨大浪费，损害社会公共利益。故法院以适当提高赔偿数额的方式替代停止侵权，不仅使原告获得了有效的权利救济，弥补了原告的利益损失，也兼顾了广大小区业主所代表的社会公共利益，避免了社会资源的无谓浪费，取得了良好的社会效果。

案例 6 在网站设置与电视同步的回看栏目属侵犯信息网络传播的行为

——乐视网信息技术(北京)股份有限公司诉深圳市天威视讯股份有限公司侵害作品信息网络传播权纠纷案

本案要旨

原告认为,网络上设置“回看”功能属于侵犯信息网络传播权的行为,对遏制有线电视运营商在网络视频领域中的侵权具有突破性意义。被告认为,有线电视运营商通过网络同步播放或回看电视节目,作为对其向公众提供的电视服务的延伸,是广播权调整的范畴,在三网融合的背景下,如果认定回看这种新型电视服务构成侵权,将构成对新型技术发展的阻碍。

案情介绍

原告乐视网信息技术(北京)股份有限公司依法享有电视连续剧《甄嬛传》在中国大陆的独家信息网络传播权。2013 年 2 月,原告发现被告深圳市天威视讯股份有限公司在未经原告授权的情况下,通过被告专有网站 www. topway. com. cn 以“回看”的形式允许网友对已播出剧集的随时点播观看。根据《甄嬛传》合法出版物及作品播放时的署名情况,在没有相反证明的情况下,可以认定东阳市花儿影视文化有限公司系《甄嬛传》著作权权利人。原告经权利人授权,依法取得了影视作品《甄嬛传》2012 年 3 月 26 日至 2018 年 3 月 26 日的信息网络传播权,有权以自己名义提起诉讼。根据涉案公证书记载的事实及被告庭审中的陈述,被告在其经营的网站提供了与电视台同步的七日回看栏目,属于向不特定公众提供影视作品《甄嬛传》的播放服务,使公众可以在其个人选定的时间和地点获得该作品,符合法律规定的信息网络传播权的构成要件。

争议焦点

在三网融合的背景下,回看功能作为新型的电视服务,是否构成对作品信息网络传播权的侵犯。

法院观点

《甄嬛传》公开发表后,被告有机会接触该作品。根据(2013)京方正内经证字第03619号公证书记载的事实及被告庭审中的陈述,被告在其经营的网站提供了与电视台同步的七日回看栏目,属于向不特定公众提供影视作品《甄嬛传》的播放服务,使公众可以在其个人选定的时间和地点获得该作品,符合法律规定的信息网络传播权的构成要件。被告未提交证据证明其已获得权利人的授权,侵犯了原告享有的信息网络传播权,应承担停止侵权、赔偿损失的侵权责任。

裁判结果

深圳市福田区人民法院判决:第一,被告深圳市天威视讯股份有限公司应于本判决生效之日起10日内赔偿原告乐视网信息技术(北京)股份有限公司经济损失共计20,000元;第二,驳回原告乐视网信息技术(北京)股份有限公司的其他诉讼请求。

思路

随着网络电视、IPTV业务的发展,许多媒体企业推出电视节目回看功能,即在电视节目播出的三天至七天内,可以从IPTV回看已经播出的节目内容,回看的内容与电视台播出完全一致,系统自动录制,甚至连广告都不删减,此即为"回看"功能。

在认定网络电视"回看"业务是否侵犯信息网络传播权之前,首先应明确“回看”与传统意义上的“点播”是否存在区别。“点播”指网络电视运营企业在服务器存储并提供节目内容,用户可以自行选定时间和地点收看节目内容。对于提供点播节目服务的内容,构成信息网络传播行为,毫无疑问,该行为应当取得信息网络传播权的授权。与“点播”稍有不同,“回看”是传统电视业务在新媒体领域的延伸,也就是利用技术手段克服传统电视一旦错过就无法再重复观看的缺点,在限定时间(三天至七天)内自动录制节目内容,供观众观看,过期则自动删除。当观众“回看”时,会存在两种情况:

第一种情况是网络电视运营企业实际上不是回看内容的提供方,回看的内容全部来自电视台,其播出的顺序、时长等方面与电视完全一致,但第二种情况是网络电视运营企业将电视节目进行录制后存储在自己的服务器上,那么观众“回看”的时候,其本质上仍然是从企业服务器上获取观看内容,这种情况下的“回看”与“点播”无异。因此,在判定网络运营企业提供“回看”服务是否侵犯权利人的信息网络传播权时,关键看观众是否从企业服务器上获取了观看内容。本案中,被告深圳市天威视讯股份有限公司在提供“回看”服务,实际上是将电视节目录制后存储在其自身服务器上,再向观众提供节目内容,观众可以在其选定的时间和地点观看节目,该行为显然构成了信息网络传播行为。因此,被告深圳市天威视讯股份有限公司在未取得权利人乐视网信息技术(北京)股份有限公司的授权的情况下,在其经营的网站提供了与电视台同步的七日“回看”栏目,属于向不特定公众提供涉案影视作品的播放服务,使公众可以在其个人选定的时间和地点获得该作品,符合法律规定的信息网络传播权的构成要件。被告未提交证据证明其已获得权利人的授权,侵犯了原告享有的信息网络传播权,应承担停止侵权、赔偿损失的侵权责任。

在判定网络运营企业提供“回看”服务是否侵犯权利人的信息网络传播权的关键是看观众是否从企业服务器上获取了观看内容。

案例 7 原告依著作权人授权取得的权利仅为维权权利,无权以自己名义提起诉讼

——上海国惠公司诉深圳艺力公司等侵害著作权纠纷案

本案要旨

当著作权受到侵犯时,享有著作实体权利的人才有资格以原告的身份提起维权诉讼,而不享有著作实体权利的人,无权以原告的身份提起维权诉讼。著作权人仅授权以原告身份维权,该授权不符合法律规定。若他人基于该授权以原告的身份提起维权诉讼,法院应以其原告主体资格不合适为由,裁定驳回其起诉。

案情介绍

美国犀牛软件公司(Rhino Software,Inc.)是 Serv - U FTP 6.4 计算机软件的著作权人。犀牛软件公司的授权代表乔纳森·兰普(Jonathan Lampe)向上海国惠知识产权代理有限公司签署授权委托书,授权事项为上海国惠知识产权代理有限公司有权以自己的名义在中国处理侵犯犀牛软件公司的软件著作权、商标权(涉及软件包括但不限于 Serv - U 软件各版本)在内的知识产权的有关事宜,包括进行法律陈述、调查取证、接受和解、向中国法院提起民事诉讼和刑事检控、接受执行标的物等事项,委托期限为 2012 年 1 月 1 日至 2015 年 12 月 31 日。

上海国惠知识产权代理有限公司自称,其于 2012 年 7 月通过网络监测的方式,发现深圳艺力自动化技术有限公司的网站未经许可擅自复制使用 Serv - U FTP 6.4 软件,由于涉案网站是深圳市容大信息技术有限公司帮助

建立的,上海国惠知识产权代理有限公司将深圳市艺力自动化技术有限公司、深圳市容大信息技术有限公司作为被告起诉至法院,请求判令两被告立即停止使用并卸载在被告网站上使用的 Serv - U FTP 6.4 盗版软件,赔礼道歉,并赔偿原告经济损失人民币 30 万元。

针对原告的侵权指控,两被告否认擅自复制 Serv - U FTP 6.4 软件,称被告网站使用的是被告自主研发的软件,与涉案软件无关,原告主张的事实不成立,请求驳回原告的诉讼请求。

争议焦点

上海国惠知识产权代理有限公司是否能以原告的身份提起维权诉讼。

法院观点

依据犀牛软件公司出具的《授权委托书》,原告有权以自己的名义在中国处理侵犯犀牛软件公司的软件著作权、商标权(涉及软件包括但不限于 Serv - U 软件各版本)在内的知识产权的有关的事宜。包括进行法律陈述、调查取证、接受和解、向中国法院提起民事诉讼和刑事检控、接受执行标的物。根据授权委托书内容显示,原告依授权取得的权利仅为维权权利,其并未取得涉案计算机软件著作权实体权利。因此,原告提交的证据不足以证明其为涉案计算机软件著作权人或与著作权有关的权利人,其与本案没有直接利害关系,无权单独以自己名义提起本案诉讼。

裁判结果

深圳市福田区人民法院依照《中华人民共和国民事诉讼法》第 119 条第 1 项、《最高人民法院关于适用〈中华人民共和国民事诉讼法〉若干问题的意见》第 139 条之规定,裁定:驳回原告上海国惠知识产权代理有限公司的起诉。

思路

本案的争议焦点为,上海国惠知识产权代理有限公司是否能以原告的身份提起维权诉讼。

一、依据著作权法律规范分析本案的维权主体

依照法律规定,在作品或者制品上署名的自然人、法人或者其他组织视为著作权、与著作权有关权益的权利人,但有相反证明的除外;当事人提供的涉及著作权的底稿、原件、合法出版物、著作权登记证书、认证机构出具的证明、取得权利的合同等内容,可以作为著作权权利的证据。在本案中,根据原告提供的 Serv - U FTP 6.4 正版光盘载明版权信息,本院认定涉案 Serv - U FTP 6.4 计算机软件著作权人为犀牛软件公司。我国与美国均属《保护文学和艺术作品伯尔尼公约》的成员国,依照我国《著作权法》第 2 条第 2 款的规定,犀牛软件公司对涉案 Serv - U FTP 6.4 计算机软件享有的著作权依法受到我国《著作权法》的保护。而犀牛软件公司并没有将该软件的实体权利授予上海国惠知识产权代理有限公司行使,但却将该软件著作权被侵犯的维权权利授权给上海国惠知识产权代理有限公司行使,依据本案所查明的事实,无法查明上海国惠知识产权代理公司作为适格原告身份的法律依据。

二、依据民事诉讼法律规范分析本案的维权主体

依据民事诉讼法的规定,民事诉讼当事人应适格,适格的原告应当具备的三个条件为:原告是与本案有直接利害关系的公民、法人或其他组织;有明确的被告;有具体的诉讼请求和事实理由。

在本案中,依据犀牛软件公司出具的《授权委托书》,原告有权以自己的名义在中国处理侵犯犀牛软件公司的软件著作权、商标权(涉及软件包括但不限于 Serv - U 软件各版本)在内的知识产权的有关的事宜。包括进行法律陈述、调查取证、接受和解、向中国法院提起民事诉讼和刑事检控、接受执行标的物。根据授权委托书内容显示,原告依授权取得的权利仅为维权权利,其并未取得涉案计算机软件著作权实体权利,也不享有涉案软件的信托

管理权，这表明，其与本案被控侵权人之间不存在民事实体权利义务关系，换言之，其与本案不存在直接利害关系，无权以原告的身份提起维权诉讼。

三、从利益平衡角度来分析本案的维权主体

无论是知识产权法还是民事诉讼法，利益平衡原则均是这些法律制度设置相关主体权利与义务的重要考量依据。同时在贯彻知识产权法和民事诉讼法的司法实践中，遵循利益平衡原则来判断各方行为的合法性和正当性，亦是法官处理案件时所采用的重要方法之一。因此，保持法律关系当事人各方与社会公共利益的平衡，是判断上海国惠知识产权代理有限公司是否为本案适格原告的重要原则。

遵循利益平衡原则来判断各方行为的合法性和正当性，是法官处理案件时所采用的重要方法之一。

就本案而言，美国犀牛软件公司授权上海国惠知识产权代理有限公司以原告的身份进行维权诉讼，该授权方式的确有可能降低美国公司的维权成本，并方便外国人进行维权，但应看到，上海国惠知识产权代理有限公司在本案中的实际利益为通过代理诉讼获得法律业务服务费，这意味着其本身的诉讼地位应为代理人，而非原告。

二、商标权及不正当竞争民事案件

案例8 商标性使用的认定

——深圳市引领平安文化传媒有限公司诉中国平安保险(集团)股份有限公司、中超联赛有限责任公司侵害商标权纠纷案

本案要旨

判定商标性使用,是认定商标侵权的前提条件。本案两被告为宣传其组织的体育赛事,在体育赛事名称中使用"平安"二字,是将其作为指示赞助商名称进行的使用,其目的是将赞助商信息告知给相关公众,而不是以商业标识的方式,从识别商品或服务来源的意义上使用"平安"二字。而相关公众对相关体育赛事名称中"平安"二字,一般都不会将它们作为表明商品或服务来源的商业标识看待,不会因该体育赛事名称中有"平安"二字,就认为这是对原告"平安"和"Ⓐ平安"注册商标的商标性使用,而只是认为它们是赞助商名称,故两被告的行为不构成商标侵权。

案情介绍

原告诉称,第1302444号"平安"、第1302445号"Ⓐ平安"注册商标系被告平安保险集团公司在作为深圳足球俱乐部股东期间,由深圳足球俱乐部于1998年向商标局提出申请,并于1999年获得注册。上述两商标核定的商品类别为第41类组织体育活动竞赛、俱乐部服务(娱乐或教育)等类型。后被告平安保险集团公司于2002年出让了深圳足球俱乐部全部股权,但上述商标所有权人依然为深圳足球俱乐部。原告于2005年11月取得了深圳足球俱乐部(当时已更名为深圳市健力宝足球俱乐部)90%的股权,并一直持有至2009年10月。2009年9月,原告在出让深圳足球俱乐部股权

之前，对其资产进行了剥离和整合，将涉案商标转让至原告名下，原告依法享有涉案注册商标专用权。

2014 年 2 月 21 日，被告平安保险集团公司取得 4 年（2014 年至 2017 年）独家冠名被告中超联赛公司组织的"中国足球协会超级联赛"冠名权。随后，被告中超联赛公司在未取得原告商标许可使用授权的情况下，在其组织的比赛以及比赛宣传中大量使用"平安"字样，侵犯原告对涉案注册商标享有的专用权。被告平安保险集团公司在冠名"中国足球协会超级联赛"后，明知其并非涉案商标权利人，依然放任被告中超联赛公司在其组织比赛过程中使用属于原告的涉案注册商标。另外，两被告还在杭州、哈尔滨、深圳、上海等地联合举办了"挑战大明星　平安小英雄"趣味足球赛，该足球赛由两被告与中超联赛各俱乐部共同举办，两被告通过上述侵权行为获得巨额收益。

争议焦点

在中国足球协会超级联赛以及相关体育比赛中使用的"平安"二字是否属于商标性使用。

法院观点

两被告为宣传其组织的体育赛事，在体育赛事名称中使用"平安"二字，是将其作为指示赞助商名称进行的使用，其目的是将赞助商信息告知相关公众，而不是以商业标识的方式，从识别商品或服务来源的意义上使用"平安"二字。而相关公众对相关体育赛事名称中的"平安"二字，一般都不会将其作为表明商品或服务来源的商业标识看待，不会因该体育赛事名称中有"平安"二字，就认为这是对原告"平安"和"Ⓐ平安"注册商标的商标性使用，而只是认为它们是赞助商名称，故两被告的行为不构成商标侵权。

裁判结果

深圳市福田区人民法院依照《中华人民共和国商标法》（2001

年修正)第52条、《中华人民共和国民事诉讼法》第64条第1款、第142条之规定,判决如下:

驳回原告深圳市引领平安文化传媒有限公司的诉讼请求。

一审判决后四被告未上诉。

思路

本案中判定中国足球协会超级联赛比赛以及相关体育比赛中使用的“平安”二字是否属于商标性使用,主要从以下几个方面考虑。

一、中国足球协会超级联赛比赛以及相关体育比赛中使用的“平安”二字对被告平安保险集团公司没有商标性作用

从“平安”二字的使用来看,在上述体育比赛中虽然出现了“平安”二字,但该文字位于体育比赛名称中,结合体育比赛名称内容,尤其是在“20××中国平安中国足球协会超级联赛”以及“20××中国平安中超联赛”名称中,“平安”二字前面有“中国”二字,故“平安”二字可以认定为该体育赛事的冠名赞助商,且“平安”二字并未不当出现在其他地方或在整个赛事名称中突出使用,该“平安”二字并非体育赛事的商标,对该体育赛事没有商标性标识作用。

二、体育赛事中“平安”二字不会使消费者产生混淆

商标的基本功能是标识商品或服务的来源,判断商标侵权首先要看商标是否相同或近似、商品或服务是否相关或近似。原告涉案“平安”和“Ⓐ平安”注册商标分别为文字和文字加图形商标,被告平安保险集团公司在体育赛事名称中使用的“平安”亦为文字,该“平安”二字与原告“平安”商标相同,与原告“Ⓐ平安”商标构成近似。但判断商标侵权同时要看相关公众的一般注意力是否会对相同或类似商品或服务的来源产生混淆和误认,判断是否误导公众或导致公众误认,又与商品性质和商品作用

判断商标侵权首先要看商标是否相同或近似、商品或服务是否相关或近似。

判断商标侵权同时要看相关公众的一般注意力是否会对相同或类似商品或服务的来源产生混淆和误认,这又与商品性质和商品作用密切相关。

密切相关。从该体育赛事名称内容、目的和效果来看，该体育赛事名称明显、直观地标明该名称对应的体育赛事，与该体育赛事有关的主体之一为“中国平安”或“平安”。对于体育赛事而言，参与比赛的人员、队伍和赞助商才能引起消费者关注，同时，消费者在选择观看体育赛事时，通过体育赛事名称就可以判断体育赛事的种类、参加人员、队伍以及赞助商等内容，再结合中国平安品牌在业界的知名度、原告商标的实际使用情况以及消费者对体育赛事的关注点和注意程度，不会使相关公众因为只看到体育赛事名称中“平安”二字就会误认为其是原告提供的服务或与原告有特定联系且容易造成混淆。

案例9 “知名”是商品的名称、包装和装潢受保护的必要条件

——珠海恒大饮品有限公司诉深圳恒大冰泉食品有限公司、河南汇多滋饮品股份有限公司、河南佳明饮品有限公司、鄢陵豫广饮业有限公司不正当竞争纠纷案

本案要旨

反不正当竞争法只保护知名商品的名称、包装和装潢，也即商品知名是必需的条件。知名商品特有的名称、包装盒装潢之所以受保护是因为其经使用而具有商品来源的识别意义，这种商品来源的识别意义则是由其知名度产生的。因此，“知名”是其受保护的重要门槛。如不知名，他人则不能利用其竞争优势。即使被仿冒，也不影响竞争秩序，从而不具有由竞争法调整的意义。

“知名”是商品受保护的重要门槛。如不知名，他人则不能利用其竞争优势。即使被仿冒，也不影响竞争秩序，从而不具有由竞争法调整的意义。

案情介绍

原告珠海恒大饮品有限公司起诉认为，恒大集团系最早将“恒大冰泉”作为矿泉水产品名称使用。“恒大冰泉”借助亚冠赛事享誉全国乃至整个亚洲，“恒大冰泉”矿泉水已深受广大消费者的喜爱，并在快速消费品行业内家喻户晓，产品具有非常高的知名度，已构成知名商品，其特有的名称、包装、装潢受法律保护。原告认为，被告深圳恒大冰泉公司心存“搭便车、傍名牌”的思想，明知“恒大冰泉”享有较高的知名度却故意将其注册为公司名称，明知原告的“恒大冰泉”为知名商品却仍故意生产和销售与“恒大冰泉”名

称相同、包装装潢极其近似的商品，并进行推广招商，委托他人生产销售。被告汇多滋公司、佳明公司、豫广公司作为水饮料行业的经营者，明知"恒大冰泉"为原告知名商品特有名称，仍伙同被告深圳恒大冰泉公司共同生产销售与"恒大冰泉"名称相同、包装、装潢极其近似的商品。四被告的共同故意侵权行为，造成消费者将其产品与原告知名商品相混淆，使消费者误认误购，四被告的行为构成不正当竞争。请求判令确认"恒大冰泉"矿泉水系知名商品并依法享有知名商品特有名称、包装、装潢的合法权益；确认四被告共同侵犯原告知名商品特有的名称、包装、装潢合法权益，构成不正当竞争；被告深圳恒大冰泉公司停止使用"恒大冰泉"企业名称；四被告立即停止不正当竞争行为，赔偿损失的法律责任。

争议焦点

1. 原告与各被告是否构成竞争关系；

2. 原告使用的商业标记"恒大冰泉"是否属于知名商品的特有名称；

3. 涉案"恒大冰泉"矿泉水的包装、装潢是否属于特有的包装、装潢；

4. 被控侵权的恒大冰泉纯净水生产者的确定，恒大冰泉纯净水生产、销售行为是否构成对原告知名商品特有名称、包装、装潢权益的侵害；

5. 深圳恒大冰泉公司在其企业字号中使用"恒大冰泉"字样的行为是否构成不正当竞争。

法院观点

本案中，原告经营范围为饮用水经营、销售，被告深圳恒大冰泉公司经营范围为食品销售，被告汇多滋公司、佳明公司、豫广公司经营范围为饮料生产与销售。各被告与原告属同行业的竞争对手，具有直接竞争关系，属于我国反不正当竞争法规定的经营者。原告经"恒大冰泉"矿泉水生产商恒大长白山公司授权，享有"恒大冰泉"矿泉水商品特有的名称、包装、装潢权益，有权以自己的名义对侵犯上述权益的行为提起诉讼。原告作为"恒大冰泉"矿泉水的合法经营者，有权对涉嫌侵犯"恒大冰泉"矿泉水特有名称、包装、装潢权益的不正当竞争行为提起诉讼。

知名商品是指在中国境内具有一定的市场知名度，为相关公众所知悉的商品。对知名商品的认定，应当综合考虑该商品的销售时间、区域、营业额和服务对象、进行宣传的持续时间、程度和地域范围以及作为知名商品受保护的情况等因素进行综合判断。本案查明的事实表明，“恒大冰泉”矿泉水自2013年11月9日亚洲足球冠军联赛决赛推出，伴随广东恒大足球队夺取亚冠杯冠军，在全国范围内密集宣传、传播，其虽然使用时间短，但在饮用水行业内迅速为相关公众所知悉，在全国范围内具有一定市场知名度，为社会公众普遍知悉，属于知名商品。

商品名称是为了区别与其他商品而使用的商品的称谓，有通用名称与特有名称之分。反不正当竞争法上所谓知名商品特有名称是指区别商品来源的具有显著特征的商品名称，它一般是不为某类商品所通用的特定名称。“恒大冰泉”在饮用水这一特定商品领域中，经过原告、恒大地产集团密集宣传与一定时间的使用，与原告提供的商品建立起特定的联系，使相关消费者对其有一定认知。根据现有证据，在各被告未提出反证的情况下，“恒大冰泉”在饮用水行业内作为商品标记有一定的特定性，可以被认定为反不正当竞争法中的知名商品特有的名称。

商品特有的包装、装潢是指不为相关商品所通用，具有区别商品来源的显著特征的商品包装、装潢。其中，商品的包装，是指为识别商品以及方便携带、储运而使用在商品上的辅助物和容器。商品的装潢，是指为识别与美化商品而在商品或者其包装上附加的文字、图案、色彩及其排列组合。“恒大冰泉”矿泉水瓶体下部是圆柱形、上部为锥形，有五条向左旋转的螺纹，瓶底有雪山状凹陷，已取得外观设计专利，应为知名商品特有的包装。“恒大冰泉”矿泉水瓶身及外包装箱上的装潢，在文字、色彩、图案及其排列组合上，寓意明确，设计独特，该装潢底色、图案与其名称融为一体，具有明显的区别性特征，并非为相关商品所通用，而为该商品所特有，也是相关公众识别商品来源的重要依据。因此“恒大冰泉”矿泉水瓶与外包装箱属于知名商品特有的包装、装潢，应依法予以保护。

本案中，被控侵权的恒大冰泉纯净水瓶身标贴及外包装纸箱，均标注被告深圳恒大冰泉公司为委托商，被告汇多滋公司、佳明公司为受委托商，瓶身标贴标注被告豫广公司为生产商，同时标注了豫广公司、佳明公司生产许可证号、汇多滋公司食品生产许可证号及产地代码。上述信息真实，表示其为产品制造者。因此，可以认定被告深圳恒大冰泉公司、被告豫广公司、被告佳明公司、被告汇多滋公司共同生产、销售恒大冰泉纯净水。

根据1993年《中华人民共和国反不正当竞争法》第5条第2项规定，经营者不得擅自使用知名商品特有的名称，或者使用与知名商品近似的名称，造成和他人的知名商品相混淆，使购买者误认为是该知名商品。原告提供恒大冰泉矿泉水销售服务，“恒大冰泉”作为知名商品的特有名称应受法律保护。被控侵权恒大冰泉纯净水突出显示“恒大冰泉”作为商品名称，与原告主张保护的知名商品特有名称完全一致，使消费者在购买时产生误认或者混淆。被告深圳恒大冰泉公司、豫广公司、汇多滋公司、佳明公司作为与原告经营相同行业的企业，应当知晓原告商品名称“恒大冰泉”的市场知名度，四被告仍然使用“恒大冰泉”作为其生产的纯净水名称，明显具有攀附“恒大冰泉”这一知名商品特有名称知名度的故意，客观上也导致了消费者的误认，其行为构成对原告的不正当竞争。

将被控侵权恒大冰泉纯净水的包装与“恒大冰泉”矿泉水的包装进行对比，两者共同之处在于瓶体下部是圆柱形、上部为锥形，有五条旋转的螺纹，瓶底有凹陷；不同之处在于瓶体上部螺纹旋转方向不同，瓶底凹陷形状不同。将被控侵权恒大冰泉纯净水的装潢与“恒大冰泉”矿泉水的装潢（含外包装箱）进行对比，两者的装潢图案基本相同，标识的底色相同、文字的排列近似，虽然两者商品名称、企业名称略有不同，但并不影响两者装潢近似的认定，从整体来观察，涉案恒大冰泉纯净水的装潢与“恒大冰泉”矿泉水的装潢风格相同。上述包装、装潢相同要素足以造成将恒大冰泉纯净水与“恒大冰泉”矿泉水相混淆，易使消费者产生误认误购的可能，即误认为两者均是原告经销，或者误认为被告深圳恒大冰泉公司与“恒大冰泉”矿泉水的经营者具有许可使用、关联企业关系等特定联系。各被告在其产品恒大冰泉纯净水上使用与知名商品“恒大冰泉”矿泉水相近似的包装、装潢，构成对原告的不正当竞争。

根据《最高人民法院关于审理注册商标、企业名称在先权利冲突的民事纠纷案件若干问题的规定》第4条规定，被诉企业名称侵犯注册商标专用权或者构成不正当竞争的，人民法院可以根据原告的诉讼请求和案件具体情况，确定被告承担停止使用、规范使用等民事责任。原告经销的“恒大冰泉”矿泉水在2013年11月9日推出，在饮用水行业内作为商品标记有一定的特定性、显著性并经广泛宣传具有一定知名度，是反不正当竞争法中的知名商品特有的名称。深圳恒大冰泉公司成立于2013年12月17日，作为饮用水经销企业，应当熟悉“恒大冰泉”知名度，被告深圳恒大冰泉公司未经原告或原告关联企业许可将“恒大冰泉”这一知名商品的特有名称注册为其企业名称，其主观上具有攀附知名商品特有名称市场知名度的故意，客观上容易产生市场混淆，违反了经营者应当遵守的公平竞争和诚实信用原则，构成不正当竞争。

综上所述，被告深圳恒大冰泉公司、被告豫广公司、被告汇多滋公司、被告佳明公司使用“恒大冰泉”作为商品名称的行为构成对原告知名商品特有名称权益的侵害。被告深圳恒大冰泉公司、被告豫广公司、被告汇多滋公司、被告佳明公司在其恒大冰泉纯净水上使用与知名商品相近似的包装、装潢，构成对原告知名商品特有包装、装潢权益的侵害。被告深圳恒大冰泉公司在其企业字号中使用“恒大冰泉”的行为，构成不正当竞争。各被告除依法应承担停止侵权的民事责任外，还应承担赔偿损失的民事责任。

裁判结果

深圳市福田区人民法院依照1993年《中华人民共和国反不正当竞争法》第2条、第5条第2项、《最高人民法院关于审理不正当竞争民事案件应用法律若干问题的解释》第1条第1款、第4条、第17条第1款、《最高人民法院关于审理注册商标、企业名称与在先权利冲突的民事纠纷案件若干问题的规定》第4条之规定，判决：第一，被告深圳恒大冰泉食品有限公司应于本判决生效之日起立即停止使用含有“恒大冰泉”字样的企业名称；第二，被告深圳恒大冰泉食品有限公司、被告河南汇多滋饮品股份有限公司、被告河南佳明饮品有限公司、被告鄢陵豫广饮业有限公司应于本判决生效之日起立即停止生产、销售侵犯原告珠海恒大饮品有限公司知名商品特有名称、包装、装潢权益的产品，停止使用与本案诉争的“恒大冰泉”矿泉水特有包装、装潢相近似的包装、装潢，销毁全部库存侵权产品的包装箱、包装瓶；第三，被告深圳恒大冰泉食品有限公司、被告河南汇多滋饮品股份有限公司、被告河南佳明饮品有限公司、被告鄢陵豫广饮业有限公司应于本判决生效之日起10日内赔偿原告珠海恒大饮品有限公司经济损失（包含合理费用）330,000元；第四，驳回原告珠海恒大饮品有限公司的其他诉讼请求。宣判后，被告河南汇多滋饮品股份有限公司、河南佳明饮品有限公司、鄢陵豫广饮业有限公司提出上诉，深圳市中级人民法院驳回上诉，维持原判。

思路

知识产权侵权案件裁判“三步法”：
1. 确定权利人的权利。
2. 判断被控侵权人的行为是否构成侵权。
3. 如何承担民事法律责任。

本案属于知名商品特有的名称、包装、装潢权侵权纠纷。本案在裁判中反映了知识产权侵权案件裁判的“三步法”思路。

首先，确定权利人的权利。在本案中，首先要确定权利人珠海恒大饮品有限公司是否享有知名商品特有名称、包装、装潢权。“恒大冰泉”矿泉水自2013年11月9日亚洲足球冠军联赛决赛推出，伴随广东恒大足球队夺取亚冠杯冠军，在全国范围内密集宣传、传播，其虽然使用时间短，但在饮用水行业内迅速为相关公众所知悉，在全国范围内具有一定市场知名度，为社会公众普遍知悉，属于知名商品。在确定涉案商品是知名商品后，接着要确定涉案商品的包装、装潢是否属于特有的包装、装潢。恒大冰泉矿泉水瓶体下部是圆柱形、上部为锥形，有五条向左旋转的螺纹，瓶底有雪山状凹陷，已取得外观设计专利，应为知名商品特有的包装。恒大冰泉矿泉水瓶身及外包装箱上的装潢，在文字、色彩、图案及其排列组合上，寓意明确，设计独特，该装潢底色、图案与其名称融为一体，具有明显的区别性特征，并非为相关商品所通用，而为该商品所特有，应为知名商品特有的装潢。在完成该分析后，还应完成珠海恒大饮品有限公司是否是该知名商品特有名称、包装、装潢主体的认定。知名商品特有的名称、包装、装潢权是随着该特有的名称、包装、装潢在商品上使用，当该商品成为知名商品时而产生的一种排他使用的民事权利，该权利与知名商品密不可分，由知名商品的合法经营者享有。本案中，原告珠海恒大饮品有限公司经恒大冰泉矿泉水生产商恒大长白山公司授权，享有恒大冰泉矿泉水商品特有的名称、包装、装潢权益，有权以自己的名义对侵犯上述权益行为提起诉讼。原告珠海恒大饮品有限公司作为恒大冰泉矿泉水的合法经营者，有权对涉嫌侵犯恒大冰泉矿泉水特有名称、包装、装潢权益的不正当竞争行为提起诉讼。

其次，判断被控侵权人的行为是否构成侵权，这是作出是否构成侵权判断最关键的一步。在本案中即表现为对被控侵权装潢的使用是否造成与他人知名商品相混淆、使购买者误认为是该知名商品作出判断。如果被控侵权商品的名称、包装、装潢近似程度达到了足以引起与知名商品混淆，使购买者误认是知名商品的程度，则应认定构成侵权，否则，不构成侵权。造成与知名商品的混淆、误认包括已经实际造成混淆、误认和可能造成误认、混淆。将本案被控侵权产品恒大冰泉纯净水的包装与恒大冰泉矿泉水的包装进行对比，两者共同之处在于瓶体下部是圆柱形、上部为锥形，有五条旋转的螺纹，瓶底有凹陷；不同之处在于瓶体上部螺纹旋转方向不同，瓶底凹陷形状不同。将被控侵权恒大冰泉纯净水的装潢与

本案是否构成侵权最关键的问题是对被控侵权装潢的使用是否造成与他人知名商品相混淆，使购买者误认为是该知名商品作出判断。

恒大冰泉矿泉水的装潢(含外包装箱)进行对比,两者的装潢图案基本相同,标识的底色相同、文字的排列近似,虽然两者商品名称、企业名称略有不同,并不影响两者装潢近似的认定,从整体来观察,涉案恒大冰泉纯净水的装潢与恒大冰泉矿泉水的装潢风格相同。上述包装、装潢相同要素足以造成将恒大冰泉纯净水与恒大冰泉矿泉水相混淆,易使消费者产生误认误购的可能,即误认为两者均是原告经销,或者误认为被告深圳恒大冰泉公司与恒大冰泉矿泉水的经营者具有许可使用、关联企业关系等特定联系。被告深圳恒大冰泉公司成立于2013年12月17日,作为饮用水经销企业,应当熟悉"恒大冰泉"知名度,被告深圳恒大冰泉公司未经原告或原告关联企业许可将"恒大冰泉"这一知名商品的特有名称注册为其企业名称,其主观上具有攀附知名商品特有名称市场知名度的故意,客观上容易产生市场混淆,违反了经营者应当遵守的公平竞争和诚实信用原则,构成不正当竞争。

最后,判断如何承担民事法律责任。因被控侵权人的行为构成侵权,其应承担停止侵权的民事责任。在侵权赔偿损失的数额方面,目前法律和相关司法解释均未规定,可以参照侵犯其他知识产权如著作权、商标的侵权赔偿规则处理。因侵权损失和侵权获利均无法查明,法院根据侵权时间、侵权产品的销售范围及为制止侵权而支付的合理费用等因素,依法酌情判处赔偿数额。

案例 10 在商品上装饰性使用与注册商标相同或类似的图案构成不正当竞争

——路易威登马利蒂诉深圳市福田区名创优品百货店、广东葆扬投资管理有限公司、广东赛曼投资有限公司侵害商标权及不正当竞争纠纷案

本案要旨

本案涉及注册商标保护的新类型案件。侵权人侵权行为表现为其生产、销售的涉案商铺上对权利人图形商标进行组合、铺展使用，权利人主张商标侵权及不正当竞争。本案判决明确权利人将其注册商标的图案在其注册商标核定使用的商品上进行组合、铺展使用，是以一个女士手袋装饰图形中的图案元素形态呈现，不能满足商标性使用的条件，因而不构成商标侵权。权利人在箱包类商品上使用将其图形商标作为其商品基本装潢元素的历史已有150余年，由文字加上风格化的花瓣、四角星等图形要素组成的文字图形组合经无限复制延伸组成的装潢图案经过权利人在市场上持续地使用，使公众已将该图形与商品的特定提供者联系起来，足以发挥识别商品来源的功能，应当认定为知名商品特有的装潢。侵权人未经权利人许可擅自使用与其知名商品相近似的装潢，使消费者误认为涉案商品的生产者与权利人具有许可使用、关联企业关系等特定联系，构成不正当竞争行为。

案情介绍

原告路易威登马利蒂（Louis Vuitton Malletier）起诉认为，其使用以

及、、等商标已有150余年历史，上述商标在箱包、手袋商品表面连续复制使用的图案成为广大消费者特别是高档商品的消费群体识别原告的最重要标识，以图形商标为基本元素经无限复制延伸形成的箱包装潢同时也是原告箱包知名商品的特有装潢。自2015年3月起，原告发现全国各地多家名创优品连锁店均同时销售一款手提包商品，该被控手提包外表面上将原告商标中心的替换为字母M，形成与之近似的图案并作为装潢，侵害了原告享有的上述注册商标专用权。主要装潢图案在视觉上与原告知名商品特有装潢高度近似，构成不正当竞争侵权行为。葆扬公司、赛曼公司是被控手提包的共同生产、销售者。请求法院判令葆扬公司、赛曼公司、福田名创优品店停止侵害原告注册商标专用权行为、停止擅自使用知名商品特有装潢的不正当竞争行为、赔偿原告经济损失。

争议焦点

1. 对于被控侵权商品生产者、销售者的认定；

2. 三被告行为是否构成商标侵权；

3. 三被告行为是否构成擅自使用知名商品特有装潢的不正当竞争行为。

法院观点

（一）对于被控侵权商品生产者、销售者的认定

本案福田区名创优品店直接销售涉案侵权商品并无争议，但由于被控侵权手提包及吊牌上并没有标注生产厂家，直接销售者被告福田名创优品店也未提交答辩状，开庭缺席，而被告葆扬公司、赛曼公司又否认被控侵权手提包系其生产销售，因此查明葆扬公司、赛曼公司是否为被控侵权商品生产者、销售者的事实确有一定难度，需要综合全案证据并对待证事实进行全面系统分析才能予以认定。本案最终认定葆扬公司、赛曼公司是被控侵权商品生产者、销售者在于两方面原因：一是认定在涉案商品上使用商标标识

主体具有生产者的法律地位。在消费活动中，产品上标注的商标、生产者名称等可识别的其他标识，实际上具有帮助识别产品的生产者、区别产品、标识产品安全性、增强信赖性等功能。使用这些标识的主体，同样期待发挥这样的功能，亦能从该产品的生产销售中获利，无论是否具体从事了涉案商品的加工制造工序，都具有产品生产者的法律地位，都可以被认定为生产者。相反，如将认定生产者仅仅限缩为产品或标牌上要明确有“生产厂家”字样列明，则与商业活动实践背离，亦会被利用于脱责。二是全案其他证据，特别是原告向法院申请调取的证据对于涉案商品吊牌标识具有补强作用，销售涉案商品的“名创优品”连锁店均标有“”“名创优品”标识，而赛曼公司即第35类“”“名创优品”注册商标的权利人，其主张与本案无关的辩解没有证据也有违常理；虽然由于直接销售者被告福田名创优品店未提交答辩状，开庭缺席，导致本案涉案侵权商品的供货来源没有销售者陈述、进货单等直接证据，但根据审判过程中原告向法院申请调取的被告福田名创优品店向市场监管机关提供的相关书证，可以证明赛曼公司、葆扬公司、福田名创优品店三者之间的逐级授权关系，且与涉案商品吊牌标识等证据相互印证。

葆扬公司、赛曼公司在答辩意见中均强调“名创优品”是日本品牌，葆扬公司只是品牌代理商，且被控侵权手提包系安娜厂生产，以主张其不是被控侵权手提包的生产销售者。被控侵权手提包及吊牌标识上没有明确标注生产厂家的信息，名创优品的整体运营模式和大量宣传也的确突出其为“日本品牌”，但是查清法律事实并进行司法评判，所依据的不是商业营销手段和宣传用语构建的话语体系，而是查证属实的客观证据，在查实“”“MINISO”“名创优品”等商标国内注册申请及核准情况以及赛曼公司、葆扬公司、福田名创优品店三者之间的逐级授权关系等证据之后，本案“名创优品”是否属于日本品牌已不影响对生产者、销售者的认定。

（二）三被告行为是否构成商标侵权

商标的基本功能在于使相关公众通过商标标识不同的商品或服务的来

源，商标性使用是指将商业标识用于商业活动中，并对相关公众起到区分商品或者服务的来源作用。虽然涉案商品确实印有与原告主张保护的注册商标以及类似的图案，但是判断这些类似图案是否构成商标性使用，应当综合审查涉案商品的整体视觉效果。如前所述，这些类似图案是以涉案商品正面的一个女士手袋装饰图形中的图案元素形态呈现，这些类似图案单独的标识和指示作用并不能满足商标性使用的条件，而更多的是提供图案本身的装饰美学功能，因而不构成商标侵权。

（三）三被告行为是否构成擅自使用知名商品特有装潢的不正当竞争行为

反不正当竞争法对知名商品的特有装潢予以保护的法理基础是防止混淆理论，当商品装潢能够区别商品来源防止关联关系混淆时即应受到法律保护。反之，当商品使用的图形能够造成对商品来源误认时即构成侵权，而这种商品来源的误认包括误认为与知名商品的经营者具有许可使用、关联企业关系等特定联系，而即便侵权商品与知名商品不存在商标混淆，仍然会因为这种特定联系产生商品来源误认，构成关联关系混淆。

裁判结果

广东省深圳市福田区人民法院依照《中华人民共和国商标法》第 63 条第 3 款、1993 年《中华人民共和国反不正当竞争法》第 2 条、第 5 条第 2 项、《最高人民法院关于审理不正当竞争民事案件应用法律若干问题的解释》第 1 条第 1 款、第 4 条、第 17 条第 1 款之规定，判决：第一，被告广东葆扬投资管理有限公司、广东赛曼投资有限公司应立即停止侵犯原告路易威登马利蒂箱包系列产品特有装潢的行为；第二，被告深圳市福田区名创优品百货店应立即停止侵犯原告路易威登马利蒂箱包系列产品特有装潢的行为；第三，被告广东葆扬投资管理有限公司、广东赛曼投资有限公司应于本判决生效之日起 10 日内赔偿原告路易威登马利蒂经济损失及为制止侵权的合理开支合计280,000元;第四,被告深圳市福田区名创优品百货店应于本判决生效之日起10日内赔偿原告路易威登马利蒂经济损失及为制止侵权的合理开支合计30,000元;第五,驳回原告路易威登马利蒂的其他诉讼请求。

一审判决后原被告均未上诉。

思路

值得一提的是,在美国原告(Louis Vuitton Moët Hennessy,LVMH)曾对My Other Bag(MOB)提起商标侵权诉讼(以下简称My Other Bag案),涉案商品与本案(以下简称MINISO案)被控侵权商品非常相似(见图1)。

图1

MOB成立于2011年,销售简单的帆布大手提袋,其手提袋一面印有"My Other Bag"的文字,另一面则印有对路易威登、香奈儿、芬迪等奢侈品设计的讽刺漫画图像。MOB的一款手提袋中使用了类似于路易威登著名的帆布交织图案、多色交织图案、素色大方格图案设计的色彩、线条和图案,但是其将连接在一起的LV和"Louis Vuitton"文字替换为联结的"MOB"和"My Other Bag"。MOB以"与生态友好的且实用性强的,开玩笑地戏仿我们喜爱的设计师包袋"为产品宣传口号。被告的网站和其他宣传渠道中都宣扬:"价格高昂的设计师手包不能随处携带,而其销售的帆布手提袋能够放入肮脏的运动衣或杂货。"LVMH 认为 MOB 的行为构成《兰哈姆法案》中规定的商标淡化和商标侵权以及纽约州的相关法律，并起诉至法院。双方都提出了即决判决动议。纽约南区法院于 2016 年 1 月 6 日认定：(1) 被告在帆布大手提袋上使用商标的行为构成滑稽模仿(Parody)，因此属于商标淡化情形的合理使用；(2) 即使被告的使用不构成滑稽模仿，被告的使用行为不会影响消费者清楚地、无误地识别商品的唯一来源；(3) 被告在大手提袋上使用商标不构成商标侵权，并最终作出了支持被告动议的即决判决。

2016 年 12 月 22 日，美国联邦第二巡回上诉法院驳回了 LVMH 的上诉请求，维持纽约南区地方法院的判决。美国联邦第二巡回上诉法院认为：MOB 的部分手袋虽然与 LVMH 集团旗下的奢侈品牌 Louis Vuitton 十分相似，但这两个品牌定位以及消费人群目标均不同，MOB 对于 Louis Vuitton 商标的使用，很显然是出于幽默和戏谑的目的，而不是为了诱导顾客混淆二者。LVMH 无法强制法院作出有利于 Louis Vuitton 商标侵权索赔的判决。

美国的这一案例涉及了商标滑稽模仿问题。滑稽模仿原本是著作权法领域的概念，模仿的对象是具有表达内容其有一定知名度的文学艺术作品。商标从本质来说是一种符号标识，不具有著作权作品所具有的鲜明的表达性，传统意义并不会成为滑稽模仿的对象。但随着商标功能的不断完善和扩充，除了基本的标识功能之外，其承载的文化内涵逐渐突出，也成为社会文化的象征，尤其是驰名或著名商标，其表达性更强，商标所展示的市场定位、消费理念和商业文化更容易成为滑稽模仿的对象，商标滑稽模仿是否构成商标的合理使用也日渐成为理论和实践领域关注的问题。我国商标法并未具体涉及滑稽模仿问题，但就其本质而言，仍属于商标合理使用范畴，可通过商标合理使用相关法律规范加以规制。事实上，进一步而言，不仅商标存在滑稽模仿问题，对于知名商品的特有装潢同样也存在滑稽模仿问题。

在司法实践中，判断滑稽模仿是否属于对商标或者知名商品特有装潢的合理使用，应当从以下几个方面考量：第一，该行为是否属于滑稽模仿。被告在使用商标或者知名商品特有装潢时主观上必须要有滑稽模仿的意图，如果被告在使用商标权利人的商标或者知名商品特有装潢时与其实质部分或风格没有批判性的关系，使用原商标或者知名商品特有装潢的目的仅仅是为了借助其影响力来加强对消费者的吸引力，而主观上根本不存在滑稽模仿的意图，那么该行为就不能认为是合理使用。第二，被告所使用的标志是否具有戏谑幽默效果。滑稽模仿行为是以他人的商标或者知名商品特有装潢作为进行嘲讽和评论的对象，让公众对于被滑稽模仿商标或者知名商品特有装潢的文化象征产生新的效果和理解，而不能借助其所模仿的商标或者知名商品特有装潢来吸引自己消费者的注意力，否则便是"搭便车"的行为。第三，被告的使用行为是否具有商业性使用的目的。滑稽模仿必须是对他人商标或者知名商品特有装潢的非商业性利用，如果使用他人商标或者知名商品特有装潢的目的主要是吸引消费者或者提高知名度，而没有或者很少有滑稽模仿的意图，就会构成侵权。第四，是否存在混淆的可能，滑稽模仿的标识必须不与他人原有商标或知名商品特有装潢构成混淆，如果与滑稽模仿的对象难以区分，则闯入了商标及不正当竞争领域的禁区。

考量滑稽模仿是否属于对商标或者知名商品特有装潢的合理使用，应当从三个方面来判断：
1. 该行为是否属于滑稽模仿。
2. 被告所使用的标志是否具有戏谑幽默效果。
3. 被告的使用行为是否具有商业性使用的目的。

由此分析 MINISO 案与 My Other Bag 案可以发现，MINISO 案被控侵权商品上的原告知名商品特有装潢不属于滑稽模仿的合理使用。首先，My Other Bag 品牌定位及其一贯宣传都彰显其全线产品均为戏谑模仿，其产品滑稽模仿的意图非常清晰坦率，这一点在消费者中亦已形成普遍认识。而 MINISO 定位及宣传均为"时尚品牌"并强调其为原创设计，从未表达过其产品具有滑稽模仿的意图。其次，就产品本身而言，My Other Bag 案涉案产品另一面有醒目"My Other Bag"字样，进一步明确了其滑稽模仿的意图以及减少混淆可能性，而 MINISO 案的涉案产品主体并无类似标识，装饰图案仅为原告的知名商品特有装潢，具有较大的混淆可能性。

案例 11　商标合理使用与商标侵权的界限

——深圳市永华信标网报警有限公司诉深圳市永华网络报警有限公司等侵犯商标权纠纷案

本案要旨

判断某种行为是否侵犯注册商标专用权，应全面审查涉案商品或服务是否相同或相似、涉案标识是否相同或近似、是否会造成相关公众的混淆或误认，从而准确区分商标合理使用与商标侵权的界限。

案情介绍

原告深圳市永华信标网报警有限公司是于2000年8月8日登记注册的高科技公司，主要从事GPS卫星定位系统、报警系统、安全技术防范产品的技术开发、购销等经营项目，在GPS导航仪和报警系统上主要使用和推广“护车神”品牌。原告成立后即使用“护车神”品牌，并于2004年12月24日向国家工商行政管理部门申请注册，有效期为2007年8月21日至2017年8月20日。核定使用商品为计算机软件、导航仪器、无线电通信定位（GSM）系统等产品。经过不断地技术和产品创新，原告在GPS定位导航行业具有国内领先的开发能力，并成为中国防盗产品质量公认的十大知名品牌。被告深圳市永华网络报警有限公司成立于1998年11月17日，经营范围包括防盗、防劫网络报警系统的技术开发、销售、安装及维修服务等内容。被告深圳市永华电子系统股份有限公司成立于1991年11月28日，经营范围包括防盗报警系统、安全防范电视监控系统、楼宇防盗电子对讲系统工程设计、安装、维修、销售等内容。永华股份公司是永华网络公司的控股公司。原告起诉称，自2007年1月1日起，两被告在深圳地区大量生产、销售与原告 GPS 导航仪产品相同的“护车神”GPS 导航产品，造成了市场混淆，侵犯了原告享有的“护车神”商标专用权。

争议焦点

被告永华股份公司生产、被告永华网络公司销售的上述“110 护车神”产品是否侵犯原告享有的涉案注册商标专用权。

法院观点

依照法律规定，侵犯注册商标专用权案件中，判断某种行为是否侵犯注册商标专用权，应全面审查涉案商品或服务是否相同或相似、涉案标识是否相同或者近似、是否造成相关公众的混淆或误认。商标作为区别商品或服务来源的标志，其功能不仅在于帮助经营者树立商誉、扩大影响，更在于帮助消费者识别不同经营者提供的商品或服务，建立良好的竞争秩序。商标立法和商标保护的核心在于商标商誉的维护和消费者免予混淆的权利保护，防止混淆是商标保护的基本出发点。

商标立法和商标保护的核心在于商标商誉的维护和消费者免予混淆的权利保护，防止混淆是商标保护的基本出发点。

具体到本案而言，首先，从原告与被告永华网络公司 2001 年 9 月 4 日签订《110 护车神销售运营服务合同》的约定内容看，被告永华网络公司将“110 护车神”联网报警系统项目在龙岗的使用权授予原告，原告有权使用被告永华网络公司的基站、无线报警频点、商标、标识，并享有在规定区域内开展“110 护车神”产品的销售、安装、售后服务以及提供接报警的权利。由此可见，上述合同签订之时，被告永华网络公司已经从事“110 护车神”产品经营。另据本院查明事实，被告永华网络公司“110 护车神”产品于 2004 年 12 月 25 日获得中国企业文化促进会等单位颁发的“中国行业龙头品牌”称号。上述时间均早于原告获得涉案第 4432868 号“护车神”商标注册证的日期。因此可以确认，在原告获得涉案“护车神”商标注册之前，被告永华网络公司已经使用“110 护车神”标识经营

“110护车神”商品及服务，且在中国安防报警服务业具有一定的知名度和影响力，原告对此亦已知晓。其次，被控侵权“110护车神”产品包装及使用说明书显示，该产品可实现“防盗防劫、遥控门锁、断电断油、声光寻车”等功能；深圳公证处(2011)深证字第85514号公证书亦显示，公证购买产品包括“110CAS护车神”和“GPS”导航仪各1台，“110CAS护车神”产品与“GPS”导航仪是相对独立的产品，结合被告永华股份公司生产的“110CAS护车神(汽车防盗报警器)”产品获得《中国国家强制性产品认证证书》的案件事实，可认定被控侵权“110护车神”产品并非原告诉状主张的GPS导航产品，而应属于汽车防盗报警产品范畴。被告永华网络公司分别于2000年12月7日、2003年4月7日获得第1399420号、第1960575号“護車神+110+图形”商标注册证；被告永华股份公司分别于2002年7月14日、2002年11月14日获得第1807087号、第1967938号“護車神+110+图形”商标注册证。上述注册商标核定商品、服务范围已包括汽车防盗报警器商品及服务在内。两被告获得的上述注册商标专用权处于法律规定的保护期限内，应受到法律的保护。深圳公证处(2011)深证字第85514号公证书所附发票亦显示，以2400元所购买的对象为“110护车神2011年6月22日至2012年6月22日服务”，而不仅仅限于“110护车神”产品本身。

裁判结果

深圳市福田区人民法院依照《中华人民共和国商标法》第1条、第52条第1项、第2项、《最高人民法院关于审理商标民事纠纷案件适用法律若干问题的解释》第9条、《中华人民共和国民事诉讼法》第64条第1款之规定，判决驳回原告深圳市永华信标网报警有限公司的诉讼请求。

思路

依照《中华人民共和国商标法》规定，未经注册商标人许可，在同一种商品或者类似商品上使用与其注册商标相同或者近似商标的，或者销售侵犯注册商标专用权商品的，属于侵犯注册商标专用权的行为。在侵犯注册商标专用权案件中，判断某种行为是否侵犯注册商标专用权，应全面审查涉案商品或服务是否相同或相似、涉案标识是否相同或者近似、是否造成相关公众的混淆或误认，从而准确区分商标合理使用与商标侵权的界限。

商标作为区别商品或服务来源的标志，其功能不仅在于帮助经营者树立商誉、扩大影响，更在于帮助消费者识别不同经营者提供的商品或服务，建立良好的竞争秩序。商标立法和商标保护的核心在于商标商誉的维护和消费者免于混淆的权利保护，防止混淆是商标保护的基本出发点。本案原告拥有第4432868号“护车神”注册商标专用权，依法应受到法律的保护。被告永华股份公司生产、被告永华网络公司销售的涉案“110护车神”产品是否侵犯原告享有的涉案注册商标专用权，须从以下方面综合判定：

判断某种行为是否侵犯注册商标专用权，应全面审查涉案商品或服务是否相同或相似、涉案标识是否相同或者近似、是否造成相关公众的混淆或误认，从而准确区分商标合理使用与商标侵权的界限。

一是被告永华网络公司就其“110护车神”标识拥有合法的在先权利。从原告与被告永华网络公司2001年9月4日签订《110护车神销售运营服务合同》的约定内容来看，被告永华网络公司将“110护车神”联网报警系统项目在龙岗的使用权授予原告，原告有权使用被告永华网络公司的基站、无线报警频点、商标、标识，并享有在规定区域内开展“110护车神”产品的销售、安装、售后服务以及提供接报警的权利。即上述合同签订之时，被告永华网络公司已经从事“110护车神”产品经营。另据法院查明事实，被告永华网络公司“110护车神”产品于2004年12月25日获得中国企业文化促进会等单位颁发的“中国行业龙头品牌”称号。上述时间均早于原告获得涉案第4432868号“护车神”商标注册证的日期。故可以确认，在原告获得涉案“护车神”商标注册之前，被告永华网络公司已经使用“110护车神”标识经营“110护车神”商品及服务，且在中国安防报警服务业具有一定的知名度和影响力，拥有合法的在先权利，原告对此亦已知晓。

二是两被告对其生产、销售的被控侵权产品标识拥有合法的商标权利。被告永华网络公司分别于2000年12月7日、2003年4月7日获得第1399420号、第1960575号“護車神+110+图形”商标注册证；被告永华股份公司分别于2002年7月14日、2002年11月14日获得第1807087号、第1967938号“護車神+110+图形”商标注册证。上述注册商标核定商品、服务范围已包括汽车防盗报警器商品及服务在内。两被告获得的上述注册商标专用权处于法律规定的保护期限内，亦应受到法律的保护。

三是被控侵权产品本身标注了被告永华股份公司名称、地址、电话、网址等信息。商标的基本功能在于使消费者购买商品、接受服务时便于识别这些商品和服务，判断其来源。在本案中，消费者根据商品本身标识信息足以判断识别商品或服务商品来源，不会导致相关公众造成混淆。从主观上来看，两被告并未违反诚实信用原则，不存在“搭便车”的故意。

综合考虑上述因素，虽然被控侵权“110护车神”产品使用的注册商标将繁体文字“護車”更改为简体“护车”，并将“110护车神”予以突出使用，导致其商标标识之间存在近似情形，但两被告就被控侵权“110护车神”所提供的是汽车防盗报警产品及服务拥有合法的在先权利、商标权利，并具有相当的影响力、知名度；被控侵权产品包装标注了永华股份公司名称、地址等信息，消费者凭借商品本身及其包装标识完全可以识别商品、服务的来源，不会误认为上述产品、服务与原告存在某种联系，不会导致相关公众混淆；原告亦无证据证明两被告存在侵权故意或者违反诚实信用原则利用原告商标知名度“搭便车”的情形。因此，法院判决驳回原告的诉讼请求是正确的。

案例 12 主观过错与商标侵权赔偿数额的确定

——沈阳薇薇美容有限公司诉深圳市汇柔美容有限公司等侵犯商标权纠纷案

本案要旨

侵权人的过错程度是确定知识产权侵权损害赔偿数额的重要考量因素。特许经营合同的被特许方使用授权商标构成侵权时，在不存在明知或应知其使用行为侵犯他人商标权而继续使用的情况下，其主观上不存在过错，不应承担赔偿经济损失的责任，仅应承担权利人因制止侵权支出的合理费用。

特许经营合同的被特许方使用授权商标构成侵权时，在不存在明知或应知其使用行为侵犯他人商标权而继续使用的情况下，其主观上不存在过错，不应承担赔偿经济损失的责任，仅应承担权利人因制止侵权支出的合理费用。

案情介绍

原告沈阳薇薇美容有限公司为一家以生活美容、美体为主，抗衰老、医疗整形及销售的综合性美容公司，在业界乃至全国享有较高的知名度。1996 年 8 月 15 日原告申请在第 42 类注册“薇薇 WEIWEI 及图”商标，并于 1997 年 9 月 21 日被核准注册，注册号为 1109024，核定使用服务为按摩、美容院、高级理发店、修指甲。2007 年原告对此商标进行了续展，有效期至 2017 年 9 月 20 日。经原告长达 14 年的使用和广泛的广告宣传，“薇薇 WEIWEI 及图”商标获得了很高的知名度。

第三人北京京都薇薇国际美容美体连锁有限公司于 2005 年 7 月 7 日被核准注册“京都薇薇 JINGDUWEIWEI 及图”商标，注册号为 3562332，有效期至 2015 年 7 月 6 日，核定使用服务为第 44 类医疗诊所、保健、护理（医疗）、医药咨询、整形外科、芳香疗法、按摩

(医疗)、蒸气浴、美容院、文身。2006年8月8日原告针对第3562332号“京都薇薇 JINGDUWEIWEI 及图”注册商标向商标评审委员会提出撤销注册申请。2010年6月12日商标评审委员会作出商评字(2010)第13281号裁定，第3562332号“京都薇薇 JINGDUWEIWEI 及图”商标在按摩(医疗)、蒸气浴、美容院、文身服务上的注册予以撤销；第3562332号“京都薇薇 JINGDUWEIWEI 及图”商标在医疗诊所、保健、护理(医疗)、医药咨询、整形外科、芳香疗法服务上的注册予以维持。

2008年1月8日第3562332号“京都薇薇 JINGDUWEIWEI 及图”商标经核准转让给京都薇薇美容有限公司。被告汇柔公司与第三人签订了特许经营合同并经第三人授权而在购物公园店、华强北店经营场所及宣传资料中使用了“JDWW 京都薇薇”“京都薇薇”“薇薇加盟 JDWW Join”等标识。原告控诉被告汇柔公司在明知“薇薇”商标享有极高知名度和美誉度的情况下，于2008年在深圳开设美容公司，在网站、店面招牌、店面装潢、广告、宣传资料等广泛使用“薇薇”“京都薇薇”商标，侵犯了原告享有的商标专有权。

争议焦点

1. 两被告是否构成对原告上述注册商标专用权的侵犯？

2. 如构成侵权，原告关于两被告向其赔偿经济损失及合理费用的诉讼请求能否成立？

法院观点

一、关于第一个争议焦点

两案中，被告汇柔公司与第三人签订了特许经营合同并经第三人授权而在购物公园店、华强北店经营场所及宣传资料中使用了“JDWW 京都薇薇”“京都薇薇”“薇薇加盟 JDWW Join”等标识。关于两被告在其经营场所及其宣传资料中使用上述标识是否侵犯原告享有的注册商标专用权，第一，两被告在其经营场所从事的美容服务，属于原告第1109024号“薇薇 WEIWEI 及图”注册商标核定使用服务范围。两被告在其经营场所及宣传资料中使用的"JDWW 京都薇薇""京都薇薇""薇薇加盟 JDWW Join"等标识,具有区别服务来源的作用,属于商标性质的使用。第二,原告第 1109024 号"薇薇 WEIWEI 及图"注册商标由文字"薇薇"及其拼音、图形两部分组成,外观上两部分左右分开,该注册商标在国内美容行业具有一定的影响力和知名度。两被告使用的被控侵权标识虽在构成要素上存在差别,但对于相关公众而言,标识中的文字部分起到了主要的识别和认知作用,而被控侵权标识中的"薇薇"文字与原告注册商标中"薇薇"文字相同,而"京都薇薇"中"京都"通常指地址,显著性并不强,"薇薇"文字为显著识别部分。第三,被控侵权标识使用虽来源于第三人授权,但根据本院查明事实,第三人于 2005 年 7 月 7 日被核准注册的第 3562332 号"京都薇薇 JINGDUWEIWEI 及图"商标,经过商标评审委员会及北京市第一中级人民法院、北京市高级人民法院审理,最终结论为第 3562332 号"京都薇薇 JINGDUWEIWEI 及图"商标在按摩(医疗)、蒸气浴、美容院、文身服务上的注册予以撤销,在医疗诊所、保健、护理(医疗)、医药咨询、整形外科、芳香疗法服务上的注册予以维持;就第 1651834 号"京都薇薇 JINGDUWEIWEI"商标,经过商标评审委员会及北京市第一中级人民法院、北京市高级人民法院审理,最终结论为第 1651834 号"京都薇薇 JINGDUWEIWEI"商标在美容院、按摩、理发店、公共保健浴室、蒸气浴服务上的注册予以撤销,在非贸易业务的专业咨询等其他服务上的注册予以维持。由此可见,第三人就第 3562332 号"京都薇薇 JINGDUWEIWEI 及图"商标、第 1651834 号"京都薇薇 JINGDUWEIWEI"商标在美容院服务项目上并不享有注册商标专用权,被告汇柔公司亦不因其与第三人签订特许经营合同而获得合法的注册商标使用权。第三人企业名称中虽有"京都薇薇"字号,但根据法律规定,将与他人注册商标相同或相近似的文字作为企业的字号在相同或类似服务上突出使用,容易使相关公众发生误认的,同样属于侵犯注册商标专用权的行为,第三人的相应主张缺乏法律依据,本院不予采信。

综合上述理由,在原告注册商标在国内美容行业具有一定的影响力和知名度的情况下,两被告在同类服务中使用与原告第 1109024 号"薇薇

WEIWEI 及图”注册商标相近似的商标,足以使相关公众误认为两被告提供的美容服务与原告或原告第 1109024 号“薇薇 WEIWEI 及图”注册商标之间存在某种联系,侵犯了原告享有的第 1109024 号“薇薇 WEIWEI 及图”注册商标专用权,应依法承担停止侵权的法律责任。原告关于两被告停止侵权的诉讼请求成立,本院依法予以支持。

二、关于第二个争议焦点

被告汇柔公司与第三人签订的特许经营合同虽约定第三人授权被告汇柔公司使用第 3562332 号“京都薇薇 JINGDUWEIWEI 及图”商标,但该合同签订时第 3562332 号“京都薇薇 JINGDUWEIWEI 及图”商标在美容院项目上的注册并未被撤销。直至 2010 年 6 月 12 日,商标评审委员会才作出有关撤销第 3562332 号“京都薇薇 JINGDUWEIWEI 及图”商标在美容院服务上注册的裁定。

原告于 2010 年 6 月向被告汇柔公司发出的《警告函》,虽包含原告享有第 1109024 号“薇薇 WEIWEI 及图”注册商标专用权以及第 3562332 号“京都薇薇 JINDU WEIWEI 及图”商标在第 44 类美容院服务项目上的注册被撤销等内容,但该函件发出时,商标评审委员会商评字(2010)第 13281 号裁定并未发生法律效力,当事人如不服该裁定,可在收到该裁定书之日起 30 日内向北京市第一中级人民法院起诉。事实上,北京市高级人民法院直至 2011 年 7 月 13 日才作出有关维持商标评审委员会商评字(2010)第 13281 号裁定的终审判决,原告直至 2012 年 2 月 8 日庭审时才当庭提交上述终审判决书作为本案证据,两被告于 2012 年 2 月 8 日庭审时才收到有关终审判决。此外,原告上述《警告函》并未提及有关第 1651834 号“京都薇薇 JINGDUWEIWEI”商标在美容院项目上的撤销情况。

由此可见,被告汇柔公司于 2010 年 6 月收到原告警告函之前,并无理由知道其对第 3562332 号“京都薇薇 JINDU WEIWEI 及图”商标的使用涉嫌侵权。收到原告警告函后,被告汇柔公司对有关第 3562332 号“京都薇薇 JINDU WEIWEI 及图”商标注册的争议应有一定了解,作为被特许方的被告汇柔公司向作为特许方的第三人对有关情况进行核实亦属情理之中。但在有关国家机关对第3562332号“京都薇薇JINDU WEIWEI及图”的注册商标争议作出最终结论前，被告汇柔公司作为从事美容服务的普通企业，亦没有理由预见第3562332号“京都薇薇JINDU WEIWEI及图”商标在第44类美容院服务项目上的注册必然被撤销。故在两被告于2012年2月8日庭审时收到北京市高级人民法院有关终审判决之前，不应认定两被告就涉案被控侵权标识的使用在主观上存在过错。

基于上述事实和分析，被告汇柔公司作为被特许方，通过与第三人签订特许经营合同并支付特许加盟费等对价的基础上使用被控侵权标识，并不存在明知或应知其使用行为已侵犯原告注册商标专用权而继续使用的情形，其主观上并不存在过错，两被告不应向原告承担赔偿经济损失的法律责任。但是，两被告应承担原告因调查、制止侵权行为所支出的合理费用。法院根据两案的具体情况酌情确定两被告向原告赔偿上述合理费用的金额。被告华强分公司系被告汇柔公司下属不具有独立法人资格的分支机构，在被告华强分公司的资产不足以清偿上述债务时，被告汇柔公司应对此承担补充清偿责任。原告与第三人之间就涉案商标事宜产生的权利义务关系，可另寻法律途径解决。

裁判结果

深圳市福田区人民法院依照《中华人民共和国商标法》第4条第3款、第52条第1项、第5项、第56条第2款，《最高人民法院关于审理商标民事纠纷案件适用法律若干问题的解释》第1条第1项、第16条第2项，《中华人民共和国民事诉讼法》第64条第1款的规定，判决两被告停止侵权；被告深圳市汇柔美容有限公司赔偿原告为调查、制止涉案侵权行为而支出的合理费用20,000元，被告赔偿原告为调查、制止涉案侵权行为而支出的合理费用10,000元；驳回原告的其他诉讼请求。

双方均未上诉，该判决现已生效。

思路

侵权人的过错程度是确定知识产权损害赔偿数额的重要考量因素。

科学确定知识产权侵权案件中的赔偿数额，是知识产权审判中的重点问题。侵权人的过错程度一直是确定知识产权侵权损害赔偿数额的重要考量因素。本案涉及被告汇柔公司与第三人之间的特许经营合同关系，被告在与第三人签订特许经营合同并支付特许加盟费等对价的基础上使用被控侵权标识，在被告汇柔公司使用上述标识构成商标侵权的情况下，其主观过错程度是考虑其法律责任承担的核心要素。

本案中，被告汇柔公司通过与第三人签订了特许经营合同并经第三人授权的形式，在购物公园店、华强北店经营场所及宣传资料中使用了“JDWW 京都薇薇”“京都薇薇”“薇薇加盟 JDWW Join”等标识。被告汇柔公司是否明知或者应当知道上述标识使用行为侵犯他人的注册商标专用权，这是判断其主观过错程度的基本依据。被告汇柔公司与第三人签订的特许经营合同虽约定第三人授权被告汇柔公司使用第 3562332 号“京都薇薇 JINGDUWEIWEI 及图”商标，但该合同签订时第 3562332 号“京都薇薇 JINGDUWEIWEI 及图”商标在美容院项目上的注册并未被撤销。直至 2010 年 6 月 12 日，商标评审委员会才作出有关撤销第 3562332 号“京都薇薇 JINGDUWEIWEI 及图”商标在美容院服务上注册的裁定。原告于 2010 年 6 月向被告汇柔公司发出的《警告函》虽包含原告享有第 1109024 号“薇薇 WEIWEI 及图”注册商标专用权以及第 3562332 号“京都薇薇 JINDU WEIWEI 及图”商标在第 44 类美容院服务项目上的注册被撤销等内容，但该函件发出时，商标评审委员会商评字（2010）第 13281 号裁定并未发生法律效力，当事人如不服该裁定，可在收到该裁定书之日起 30 日内向北京市第一中级人民法院起诉。事实上，北京市高级人民法院直至 2011 年 7 月 13 日才作出有关维持商标评审委员会商评字

(2010)第13281号裁定的终审判决,原告直至2012年2月8日庭审时才当庭提交上述终审判决书作为本案证据,两被告于2012年2月8日庭审时才收到有关终审判决。此外,原告上述《警告函》并未提及有关第1651834号"京都薇薇 JINGDUWEIWEI"商标在美容院项目上的撤销情况。由此可见,第3562332号"京都薇薇 JINDU WEIWEI 及图"商标系依法注册的商标,被告汇柔公司于2010年6月收到原告《警告函》之前,并无理由知道其对第3562332号"京都薇薇 JINDU WEIWEI 及图"商标的许可使用涉嫌侵权。收到原告《警告函》后,被告汇柔公司对有关第3562332号"京都薇薇 JINDU WEIWEI 及图"商标注册的争议应有一定了解,作为被特许方的被告汇柔公司向作为特许方的第三人对有关情况进行核实亦属情理之中。但在有关国家机关对第3562332号"京都薇薇 JINDU WEIWEI 及图"的注册商标争议作出最终结论前,被告汇柔公司作为从事美容服务的普通企业,亦没有理由预见第3562332号"京都薇薇 JINDU WEIWEI 及图"商标在第44类美容院服务项目上的注册必然被撤销。故在两被告于2012年2月8日庭审时收到北京市高级人民法院有关终审判决之前,不应认定两被告就涉案被控侵权标识的使用在主观上存在过错。基于上述事实和分析,被告汇柔公司作为被特许方,在与第三人签订特许经营合同并支付特许加盟费等对价的基础上使用被控侵权标识,并不存在明知或应知其使用行为已侵犯原告注册商标专用权而继续使用的情形,其主观上并不存在过错,不应向原告承担赔偿经济损失的法律责任,仅应承担原告因调查、制止侵权行为所支出的合理费用。原告与第三人之间就涉案商标事宜产生的权利义务关系,属另一法律关系,可另循法律途径解决。

本案赔偿数额确定时,对侵权人的主观过错程度进行了有理有据的重点考查,具有较强的说服力,对于类似案件处理有重要参考意义。

案例 13 广告宣传用语中使用商号或注册商标未必构成对权利人企业名称权及商标权的侵犯

——深圳世界之窗有限公司诉深圳市某耀地产集团有限公司、某耀集团有限公司及惠州市名某实业发展有限公司侵害企业名称权、侵害商标权及不正当竞争纠纷案

本案要旨

判断是否构成商标侵权,应从商品是否相同或近似、商标是否相同或近似以及是否导致相关公众误认为等方面进行判断,合理使用商标的,不构成商标侵权。判断是否构成对他人企业名称权的侵权,应从主观上是否存在恶意、是否引起误认等方面进行评析,如果是对字号的保护,还应考虑该字号是否知名。

案情介绍

原告深圳世界之窗有限公司于 1992 年 5 月 5 日成立,经营范围:从事华侨城世界名胜微缩景区及其配套设施的建设与经营、旅游景区的策划、设计;在华侨城世界名胜微缩景区经营配套商品(包括烟、酒、饮料)零售;加工、生产经营旅游用品、首饰、工艺品(不含金银制品);在景区经营各种餐饮宴会厅;园林、花木设计及开发;文艺演出,文艺活动策划,舞台美术设计、制作,演出服装道具制作,艺术培训;旅游景区雕塑等艺术品设计制作;旅游业务咨询;经营管理"世界之窗"停车场;在景区内经营室内滑雪场、探险河流、红外线测距电控滑道、金字塔幻想馆;在景区内经营旅馆业务。后增加在景区内经营室内滑冰场,自有物业租赁,景区内的电影放映。原告经营的上述

华侨城世界名胜微缩景区名称为"世界之窗"。1995年9月14日北京世界公园有限公司取得第766791号"世界之窗"注册商标,核定服务项目为第41类娱乐、公共游乐场,注册有效期限自1995年9月14日至2005年9月13日。1995年12月28日上述注册商标被转让给原告。

2011年5月27日被告惠州名某公司在《南方都市报》的头版整版刊登了一幅广告,广告背景图片系从深圳"世界之窗"景区正门外朝向景区内微缩景观"埃菲尔铁塔"方向视角形成的景观,"埃菲尔铁塔"上有"世界之窗"几个字样。同时,该广告语使用了"世界之窗"字样。

原告认为,"世界之窗"是原告经企业登记机关注册的法定名称的核心部分,具有独立性和专有性,该名称依法应得到保护。某耀集团公司未经原告的许可擅自使用原告法定名称中的核心部分"世界之窗",并以营利为目的,用于商业广告,侵犯了原告依法享有的企业名称权。同时,原告还将"世界之窗"注册了商标,某耀集团公司未经商标专有权人的许可擅自使用他人商标,侵犯了原告的商标专用权。再者,某耀集团公司擅自使用他人的企业名称,引人误认为是他人的商品,发布虚假广告,误导消费者,构成不正当竞争。故要求某耀集团公司立即停止侵害,为权利人恢复名誉,消除影响,赔礼道歉,并赔偿损失。

被告惠州名某公司认为广告语中的"世界之窗"只是一种广告创意,"世界之窗"仅仅是作为一个地名出现的,该类广告是系列广告,广告语中分别出现了"茂业""大梅沙"等地名,该系列广告表达是的一种地理方位、空间的延伸,不构成侵权。

争议焦点

1. 涉案广告的发布者是谁;

2. 涉案广告使用"世界之窗"是否构成对原告"世界之窗"注册商标的侵犯;

3. 涉案广告使用"世界之窗"是否构成对原告企业名称权的侵犯;

4. 三被告是否构成不正当竞争。

法院观点

一、涉案广告的发布者是谁

被告深圳光耀公司及光耀集团公司辩称涉案广告非其发布，不应对相关内容负责，被告惠州名人公司承认由其发布，与其他两被告无关。法院认为，公开发布的广告中仅载明了“光耀集团”字样，未对广告发布者的身份作进一步明确，“光耀集团”为被告光耀集团公司名称的关键部分，结合被告光耀集团公司与被告惠州名某公司之间的关系，被告光耀集团公司与被告惠州名某公司的经营范围、广告的内容以及被告光耀集团公司与该广告内容有直接利益关系，该二被告对该广告内容均负有必要的审查义务，可认定被告光耀集团公司与被告惠州名某公司均为广告的发布者，皆应对广告内容负责。原告未提交充分证据证实被告光耀公司亦为涉案广告的发布者，被告光耀集团公司关于不应对广告内容负责的辩解成立。

二、涉案广告使用“世界之窗”是否构成对原告“世界之窗”注册商标的侵犯

原告的第766791号“世界之窗”文字商标在第41类娱乐、公共游乐场服务项目被核准注册，原告对该注册商标享有的商标专用权在有效期限内，依法受法律保护。原告作为商标专用权人，不仅有权在核定使用的服务项目内使用该商标，且有权禁止他人将与注册商标相同或者近似的标识在相同或类似的商品或者服务上使用。在依法保护商标专用权的同时，也要合理维护正当的公众利益。

1. 广告中的“世界之窗”对被告的楼盘没有商标性标识作用

从“世界之窗”的使用来看，广告语中虽然出现了“世界之窗”文字，但该文字位于一段广告语中，结合广告语的上下文及被告出示在该广告刊登之前及之后刊登的系列广告中出现的“茂业”“大梅沙”地理名称，该“世界之窗”可认定为系指原告经营的5A旅游景区，代表着一个地名，指示着一定的地理位置，且“世界之窗”文字未单独出现在其他部分，或在整段广告语的突出使用，该“世界之窗”文字并非广告商品的商标、名称或装潢，对广告商品

没有商标性标识作用。

2. 广告中的“世界之窗”文字不会使消费者产生混淆

商标的基本功能是标识商品或服务的来源，判断商标侵权首先要看商标是否相同或近似、商品或服务是否相关或近似。原告涉案“世界之窗”注册商标为文字商标，被告在涉案广告中使用的“世界之窗”亦为文字，在视觉上仅字体及字体大小存在一定差别，构成近似。但判断商标侵权同时要看相关公众的一般注意力是否会对相同或类似商品或服务的来源产生混淆和误认，判断是否误导公众或导致公众误认，又与商品性质和作用密切相关。从广告内容、广告目的、广告效果来看，该广告明显、直观地标明该广告对应的商品系楼盘，与楼盘有关的主体为“光耀集团”。虽然“光耀集团”在整个广告中的位置、字体大小并不突出，但房屋是不动产，不动产作为特殊的商品，其价格高且地域性特征非常明显，消费者购买房屋比其他商品要更谨慎，往往会对不同的楼盘进行反复比较，并进行实地考察。购买商品房对消费者来讲属重大事项，在购买时会考虑多种因素，开发商的信誉、商品房的地理位置、价格等，是多数消费者购房时首先要考虑的因素，也更引起消费者关注；同时，商品房买卖需要签订书面购房合同，购房者在签订合同时对谁是开发商等情况是清楚的，造成混淆的可能性不大。本案广告宣传的楼盘位于广东省惠州市，而原告提供服务的“世界之窗”景区位于广东省深圳市；原告的涉案“世界之窗”注册商标为服务商标，核定使用的服务范围为第 41 类娱乐、公共游乐场，被告系为其商品房进行广告宣传，商品房建筑并不属于原告涉案注册商标核定使用范围。因此，根据相关公众选择商品房此类商品时的注意程度来看，被告所进行的广告宣传，不会使相关公众因为只看到楼盘广告中“世界之窗”字样及“世界之窗”的景观图片就会对楼盘开发商的信息混淆，对商品房的来源产生混淆和误认，从而导致误购。

判断商标侵权同时要看相关公众的一般注意力是否会对相同或类似商品或服务的来源产生混淆和误认，判断是否误导公众或导致公众误认，又与商品性质和作用密切相关。

综上所述，被告为宣传其开发的楼盘，在广告中使用“世界之窗”文字，是将其作为指示地理位置的地名进行的使用，属于正当、合理使用。基于上述分析，被告光耀集团公司、惠州名某公司的行为不构成商标侵权。被告惠州名某公司的辩解理由成立，本院予以支持。

三、涉案广告使用“世界之窗”是否构成对原告企业名称权的侵犯

《中华人民共和国民法通则》第99条第2款规定：“法人、个体工商户、个人合伙享有名称权。企业法人、个体工商户、个人合伙有权使用、依法转让自己的名称”。根据我国相关法律的规定，企业名称的构成以行政区划+字号+行业特点+组织形式为原则。经企业登记主管机关依法注册的企业名称是法定名称，企业取得名称权，在一定地域范围内取得专用排他的效力，享有对其登记的名称的专用权。企业名称是区别不同市场主体的标志，其中字号是区别不同企业的主要标志，在原告的企业名称中，“世界之窗”四字是原告企业名称中的字号。根据1993年《中华人民共和国反不正当竞争法》第5条第3项规定，经营者采用擅自使用他人的名称或者姓名，引人误认为是他人的商品的不正当手段从事市场交易，损害竞争对手的行为构成不正当竞争。该条是为了维护公平的竞争秩序，防止消费者误认不同竞争者的商品或服务。《最高人民法院关于审理不正当竞争民事案件应用法律若干问题的解释》第6条规定，“企业登记主管机关依法登记注册的企业名称，以及在中国境内进行商业使用的外国（地区）企业名称，应当认定为反不正当竞争法第五条第（三）项规定的‘企业名称’”。具有一定市场知名度、为相关公众所知悉的企业名称中的字号，可以认定为1993年《中华人民共和国反不正当竞争法》第5条第3项规定的“企业名称”。根据上述法律规定，受反不正当竞争法保护的字号，必须是具有一定的市场知名度，为相关公众知悉的企业名称中的字号。

受反不正当竞争法保护的字号，必须是具有一定的市场知名度，为相关公众知悉的企业名称中的字号。

原告为了证明其知名度，提交了其经营的“世界之窗”景区及其所获得的荣誉奖牌，包括1997年中华全国总工会授予原告的“五一劳动奖状”，2001年6月及2004年7月中青团中央、国家旅游局颁发的“全国杰出青年文明号”“十年成就状”，中国旅游知名品牌评选组织委员会颁发的2002年度中国旅游报“中国旅游知名品牌”奖，中国文明办、建设部、国家旅游局2006年1月颁布的“全国文明风景旅游区”，全国旅游景区质量等级评定委员会评定的“AAAAA国家级旅游景区”，等等。原告将企业名称中的字号“世界之窗”作为景区名称及服务标志，上述材料足以证明原告企业名称中的字号“世界之窗”在全国具有较高的知名度，为相关公众所知悉。原告企业名称中的字号“世界之窗”可认定为1993年《中华人民共和国反不正当竞争法》第5条第3项规定的“企业名称”，应依法予以保护。本案中虽然三被告在广告中使用了“世界之窗”四字，但消费者从广告语的上下文可以清楚地理解该“世界之窗”指称是原告经营的“世界之窗”景区，指示的是一定的地理方位，而非对原告企业名称的使用，且原告无证据证实被告使用“世界之窗”存在恶意，因此判断被告未对原告企业名称中的字号“世界之窗”构成侵犯。

四、三被告是否构成不正当竞争

本案中，原、被告提供的商品及服务不同，不足以使消费者对原、被告提供的商品或服务的来源以及原、被告之间真实的关系产生误导。同时，原告并未有证据证明三被告在广告中使用“世界之窗”有恶意并不正当地获得了利益，损害了原告企业声誉。原告主张被告进行虚假宣传，引起消费者误解，但原告未证明该广告存在虚假成分，被告惠州名某公司关于在广告中使用“世界之窗”的行为属于正当、合理使用，不构成不正当竞争。

裁判结果

深圳市福田区人民法院依照《中华人民共和国民法通则》第99条第2款、《中华人民共和国商标法》第52条第1款、1993年《中华人民共和国反不正当竞争法》第5条第3项、《最高人民法院关于审理不正当竞争民事案件应用法律若干问题的解释》第6条、

《中华人民共和国民事诉讼法》第64条第1款之规定，判决：驳回原告深圳世界之窗有限公司的诉讼请求。

思路

本案的特殊性在于，原告主张权利的“世界之窗”，既是企业的字号又是注册商标，同时它还是一个普通大众熟知的旅游景点（地名）。如同名人的隐私权及名誉权保护问题，如何在权利人保护与公众使用之间抉择平衡，侵权的边界又在哪里，这是本案审判的核心，也给我们带来“公知词汇”权利保护的思考。

公知词汇。

一、涉案广告使用“世界之窗”用语是否构成对原告“世界之窗”注册商标的侵犯

注册商标所有人获得商标权利后，并非在任何情形下都具有绝对的、禁止他人使用注册商标相同或相近似的商标的权利。指示性、描述性等合理使用他人注册商标的情形是对权利人商标权利的限制。知识产权的本质就是一种平衡，是在保护权利人与知识产品传播之间的权衡。本案中，虽然涉案广告用语出现了与原告注册商标相同的文字“世界之窗”，但是被告并未将其作为商标标识进行使用。广告语的上下文及被告出示在该广告刊登之前及之后刊登的系列广告中出现的“茂业”“大梅沙”地理名称，该“世界之窗”应认定为系指原告经营的5A旅游景区，代表着一个地名，指示着一定的地理位置。并且“世界之窗”文字未单独出现在其他部分，或在整段广告语突出使用，该“世界之窗”文字并非广告商品的商标、名称或装潢，对广告商品没有商标性标识作用。另外，判断商标侵权的关键是，是否构成“混淆”。被控侵权的宣传系开发商发布的楼盘广告，房屋是不动产，作为特殊的商品，其价格高且地域性特征明显。购买商品房对消费者来讲属重大事项，消费者购买房屋比其他商品更为谨慎，在购买时会考虑多种因素，开发商的信誉、商品房的地理位置、楼盘的价格等因素是普通多数消费者购房时首先要考虑的因素；同时，

指示性、描述性等合理使用他人注册商标的情形是对权利人商标权利的限制。

判断商标侵权的关键是，是否构成“混淆”。

商品房买卖需要签订书面购房合同,购房者在签订合时,会明确知晓开发商的名称,不会使相关公众因为只看到楼盘广告中"世界之窗"字样就会对楼盘开发商的信息混淆,而对商品房的来源产生混淆和误认。故在本案广告语中出现"世界之窗"并不构成对原告"世界之窗"注册商标的侵犯。

二、涉案广告使用"世界之窗"是否构成对原告企业名称的侵犯及构成不正当竞争

企业取得名称权后,在一定地域范围内就获得了专用排他的效力,享有对其登记的名称的专用权。企业名称是区别不同市场主体的标志,而其中的字号则是区别不同企业的主要标志。在企业名称权的法律保护中,《中华人民共和国民法通则》第 99 条第 2 款主要是保护其人身性权利,1993 年《中华人民共和国反不正当竞争法》第 5 条第 3 项主要保护的是其财产性权利。根据最高人民法院的司法解释,具有一定市场知名度、为相关公众所知悉的企业名称中的字号,可以认定为 1993 年《中华人民共和国反不正当竞争法》第 5 条第 3 项规定的"企业名称"。本案中,根据原告提交的证据,原告企业名称中的字号"世界之窗"作为景区名称及服务标志,在全国具有较高的知名度,为相关公众所知悉,应当受到《中华人民共和国民法通则》及《中华人民共和国反不正当竞争法》的保护。

但是,本案广告虽使用了"世界之窗"四字,但消费者从广告语的上下文可以清楚地理解该"世界之窗"指称的是原告经营的"世界之窗"景区,指示的是一定的地理方位,而非对原告企业名称的使用,不构成对原告企业名称权的侵犯。原、被告提供的商品及服务不同,不足以使消费者对原、被告提供的商品或服务的来源以及原、被告之间真实的关系产生误导。同时,原告并未有证据证明三被告在广告中使用"世界之窗"有恶意攀附的故意,所以,被告使用"世界之窗"用语的行为亦不构成不正当竞争。

作为一种"公知词汇","世界之窗"不仅仅在广告中,在社会生活的各个角落都可能被提及,本案中,法官最终认定,被告在楼盘广告中使用"世界之窗"的用语,仅仅是对一种地理位置的引用,而不构成对原告享有的商标权及企业名称权的侵犯。

案例 14 构成“混淆”是判定商标侵权的实质要件

——李某诉李某芳侵害商标权纠纷案

本案要旨

商标的基本功能在于识别商品服务的来源，而混淆的实质在于消费者对商品或者服务的来源或者其他相关信息产生了错误认识。只要有可能导致消费者混淆，就可以认定此种行为构成商品侵权，相反，如果不存在混淆可能性的发生，则不会构成商标侵权。

只要有可能导致消费者混淆，就可以认定此种行为构成商品侵权。

案情介绍

原告系“”（李记谷庄）注册商标的商标权人。原告于2004年9月30日提出注册申请，经国家工商行政管理总局商标局核准，原告在第30类“茶、冰茶、茶叶代用品”等商品上注册了第4294908号“”（李记谷庄）注册商标，商标有效期至2017年3月6日。商标经原告花费巨资投入推广经营，李记谷庄茶叶品牌在业内已有较大知名度，全国各大城市均有代理商，原告的产品深得消费者好评，品牌价值不断提高。原告从未授权被告经营该产品，也未授权被告使用其注册的“李记谷庄”商标，但原告授权的代理商发现被告一直擅自制造、使用“李记谷庄”，特别是在其使用的包装袋上，一面为“德芳茶庄”，另一面使用了“李记谷庄”商标，并印上被告的店铺电话。据此，原告请求法院判令：被告立即停止侵犯原告“李记谷庄”注册商标专用权、停止使用印有“李记谷庄及图”商标的包装袋，并销毁全部库存包装袋；被告赔偿原告合理支出及经济损失 20 万元；被告承担诉讼费用。

争议焦点

被告在环保手提袋上使用“”“李記穀莊”标识是否侵犯了原告“”注册商标专用权。

法院观点

涉案第 4294908 号“”商标经原告合法注册，原告依法享有注册商标专用权，现该注册商标处于法律规定的保护期之内，应受到法律的保护。原告作为商标专用权人，不仅有权在核定使用的商品范围内使用该商标，且有权禁止他人将与注册商标相同或者近似的标识在相同或类似的商品或者服务上使用。但在依法保护商标专用权的同时，也要合理维护商品经营者正当的利益。在本案中，被告系深圳市福田区德芳茶庄的经营者，主要从事包括“”品牌在内的茶叶的销售经营，被告虽自行委托他人制作了环保手提袋，在环保手提袋上使用了“”“李記穀莊”标识，该“”标识与原告的“”注册商标标识相同，“李記穀莊”标识与原告的“”注册商标标识相似，但被告在使用“”“李記穀莊”标识时，同时在该标识下方注明了生产者及联系电话，指明了“李记谷庄”的生产者，在环保手提袋的另一方印制了字号“德芳茶庄”，表明了被告系“李记谷庄”茶叶的销售者，且被告销售的涉案“李记谷庄”普洱茶系原告授权的合法厂家生产，客观上该产品本身不会导致消费者混淆和误认。综上所述，被告在环保手提袋上使用“”及“李記穀莊”

时,主观上不存在恶意,客观上不会造成消费者的混淆和误认,属合理使用的目的,故不构成商标侵权。原告要求被告停止侵权及赔偿损失的诉讼请求无事实及法律依据,应不予支持。

裁判结果

深圳市福田区人民法院于 2013 年 3 月 6 日作出(2012)深福法知民初字第 652 号民事判决,依照《中华人民共和国商标法》第 52 条第 1 项、《最高人民法院关于审理商标民事纠纷案件适用法律若干问题的解释》第 9 条和第 10 条、《中华人民共和国民事诉讼法》第 64 条第 1 款、第 142 条之规定,判决:驳回原告李某的诉讼请求。一审判决后,原被告双方均未提出上诉。

思路

防止混淆是商标保护的基本出发点。

商标是用于区别商品来源的标志,防止混淆是商标保护的基本出发点。商标权所保护的并非是单纯的商业标志,而是特定商业标志与特定主体间的固定联系以及在这种联系背后所体现的商誉。商标法所禁止的也应当是破坏商品指示来源功能、造成消费者混淆的行为。那么如何判定两个商标构成"混淆"?

《最高人民法院关于审理商标民事纠纷案件适用法律若干问题的解释》第 9 条第 2 款规定:"商标法第五十二条第(一)项规定的商标近似,是指被控侵权的商标与原告的注册商标相比,其文字的字形、读音、含义或者图形的构图及颜色,或者其各要素组合后的整体结构相似,或者其立体形状、颜色组合近似,易使相关公众对商品的来源产生误认或者认为其有来源与原告注册商标的商品有特定的联系。"该解释阐明了《中华人民共和国商标法》所称的"商品类似"应指"混淆性类似","商标近似"应指"混淆性近似",这两者对于商标侵权的认定缺一不可,而两者的关键均在于"混淆"。

商标法上的混淆，是指已经或可能对商品或服务的来源以及有关方面发生误认。从混淆的内容上来分，可以将混淆分为来源混淆和联系混淆。前者是指相关消费者对商品或服务的来源或出处的混淆；后者是指消费者认为侵权行为人与商标权人之间存在隶属关系、许可关系等联系；从混淆主体上来分，可以将混淆分为购买者混淆和旁观者混淆。前者是指商品或服务的实际购买人的混淆；后者是指未实际购买商品或服务的潜在消费者、旁观者的混淆。从混淆的时间上来分，混淆可以分为售前混淆，售中混淆和售后混淆，售前混淆指侵权商标激发了消费者最初的兴趣，尽管在实际购买前混淆已经消除，售中混淆是指实际购买者在购买商品时发生的混淆，售后混淆是指消费者对商品的使用所导致的其他人的混淆。无论何种意义上的混淆，均不要求有已经发生实际混淆的证明，只需要存在混淆的可能性即可。

结合本案，被告主要从事包括“”品牌在内的茶叶的销售经营，被告虽自行委托他人制作了环保手提袋，在环保手提袋上使用了“”“李記穀莊”标识，该“”标识与原告的“”注册商标标识相同，“李記穀莊”标识与原告的“”注册商标标识相似，但被告在使用“”“李記穀莊”标识时，同时在该标识下方注明了生产者及联系电话，指明了“李记谷庄”的生产者，在环保手提袋的另一方印制了字号“德芳茶庄”，表明了被告系“李记谷庄”茶叶的销售者，且被告销售的涉案“李记谷庄”普洱茶系原告授权的合法厂家生产，在客观上，该产品本身不会导致消费者混淆和误认。综上所述，被告在环保手提袋上使用“”及“李記穀莊”时，主观上不存在恶意，客观上不会造成消费者的混淆和误认，属合理使用的目的，故不构成商标侵权。

案例 15 商标侵权中的间接混淆侵权的认定

——陈某、深圳市载途科技有限公司诉深圳东风南方华瑞汽车销售服务有限公司等侵害商标权纠纷及不正当竞争纠纷案

本案要旨

商标的首要功能是区分商品或服务的来源,即识别功能。权利人有权将商标用作指示自己提供的商品或服务来源的标识,从而建立该标识与自己提供的商品或服务之间的特定联系,并有权禁止他人以可能导致混淆的方式使用相同或近似商标。商标法意义上的混淆,指消费者对商品或服务来源的误认,根据混淆对象的不同,分为直接混淆和间接混淆。间接混淆是指消费者不会对使用特定商标的商品或服务的来源产生混淆,但可能误认为双方经营者存在某种经营上的联系,如联营、许可、赞助等关联关系。

案情介绍

原告陈某、载途科技公司诉称,经国家工商行政管理总局商标局核准,原告陈某取得第 6579362 号“百公里”注册商标专用权。2011 年 1 月 10 日原告陈某将该商标授权给原告载途科技公司使用,载途科技公司亦可以授权或许可给其他人使用,但不得超过该商标的使用范围和改变该商标的标识。原告陈某于 2000 年 11 月 7 日取得 doyouhike. net 域名,并获得顶级域名证书。在 2005 年载途科技公司成立后,陈某将该域名登记至载途科技公司名下。自 2001 年起,原告陈某在此域名下组建了磨房网,两原告以磨房网为载体,组织、策划、推广“磨房深圳百公里”大型户外徒步活动(以下简称百公里活动),至今已举办了 14 届。该活动持续时间长,影响大,参与人数

众多，具有社会知名度，为全国公众所知悉。自 2014 年 3 月开始，三被告未经原告同意，擅自在网络上以“东风日产百公里服务车队”“百公里特约服务车队”的名义，开展了“新奇骏磨房深圳百公里”招募活动。在 2014 年 3 月 22 日、23 日的活动中，三被告使用数台车身贴有“新奇骏服务车队”字样的东风奇骏车，尾随参加活动的徒步人员，严重影响活动秩序。且四被告沿途提供印有“新奇骏百公里”字样的矿泉水，需要扫描二维码才能获得，这种发放小广告模式的商业运作，让参加徒步的人员十分反感。同时，三被告在沿途私自设立签到点，在其提供的头巾、T 恤上印有“新奇骏”“百公里”的字样。

争议焦点

1. 被告华瑞汽车公司、裕朋汽车公司、南方汽车公司的行为是否侵害了两原告的注册商标专用权；

2. 被告华瑞汽车公司、裕朋汽车公司、南方汽车公司的行为是否构成虚假宣传；

3. 被告东风汽车公司是否需承担侵权责任。

法院观点

一、关于第一个争议焦点：被告华瑞汽车公司、裕朋汽车公司、南方汽车公司的行为是否侵害了两原告的注册商标专用权

原告载途科技公司组织的百公里活动已举办 14 届，该活动持续时间长，有一定的社会影响力，在该活动中使用的“百公里”商标具有显著性，且该活动亦有合作公司的赞助并提供特约服务车队，被告华瑞汽车公司、裕朋汽车公司、南方汽车公司在宣传文案中使用了“新奇骏百公里”“东风日产深圳百公里”“东风日产百公里服务车队”等字样，并在活动当天派出车队，虽不会使公众对“百公里”商标的来源产生误认，但是可能使相关公众认为上述三被告与两原告之间存在赞助或许可等关系，且三被告在相应的宣传页面附有二维码、官方微博、东风日产汽车各门店的名称、地址、电话及奇骏车

的指导价,上述行为在一定程度上利用了两原告"百公里"商标的良好声誉,产生了间接混淆的效果。综上,上述三被告的行为已经构成了对两原告注册商标的侵权。

鉴于被告华瑞汽车公司、裕朋汽车公司、南方汽车公司使用了相同的宣传文案、奖励方式、宣传方式,提供了共同的报名方式,行为目的均是提高奇骏品牌汽车的销售量,据此可以认定上述三被告主观上有共同侵权的故意,客观上实施了共同的侵权行为,侵害了两原告的合法权益,应当承担停止侵权、连带赔偿责任。被告裕朋汽车公司辩称其没有派出保姆车参与活动,但其实施了宣传行为,仍须承担侵权责任。

二、关于第二个争议焦点:被告华瑞汽车公司、裕朋汽车公司、南方汽车公司的行为是否构成虚假宣传

1993 年《中华人民共和国反不正当竞争法》第 9 条第 1 款规定,经营者不得利用广告或者其他方法,对商品的质量、制作成分、性能、用途、生产者、有效期限、产地等作引人误解的虚假宣传。在本案中,东风日产汽车在汽车界具有一定的知名度,上述三被告作为销售东风日产的企业,在宣传文案中使用了"新奇骏百公里""东风日产深圳百公里""东风日产百公里服务车队"等字样,提供印有"新奇骏""东风日产"等字样的 T-shirt、头巾、臂带并招募队员,并不会使相关公众对百公里活动的组织者产生误解,且上述三被告在相应的宣传页面附有二维码、官方微博、东风日产汽车各门店的名称、地址、电话及奇骏车的指导价,主要目的并不在于使公众误认为其为活动的组织者,而是借该活动的影响力宣传造势,增加销售量,节省其本应付出的宣传成本。故被告华瑞汽车公司、裕朋汽车公司、南方汽车公司的行为未作引人误解的虚假宣传,两原告关于该三被告不正当竞争的主张本院不予支持。

三、关于第三个争议焦点:被告东风汽车公司是否需承担侵权责任

两原告称被告华瑞汽车公司、裕朋汽车公司、南方汽车公司作为共同的汽车销售企业在参与百公里活动时使用相同的文字表述方式、媒体网络形式、参与方式,面向的人群、发放的物品亦相同,招募队员时在各门店均可报名,且三被告未说明统一印制的 T-Shirt、头巾、臂带的生产商,活动受益人亦

为三被告，故认为三被告系为销售新奇骏品牌汽车而统一组织、策划、实施侵权行为的连带责任人。在本案中，被告东风汽车公司作为汽车生产厂家，未直接实施涉案被控侵权行为，亦没有证据证明其实施了组织、策划行为，故被告东风汽车公司无须承担侵权责任，两原告对其相关诉请本院不予支持，对于被告东风汽车公司的相关抗辩意见，本院予以采纳。

裁判结果

深圳市福田区人民法院于 2014 年 12 月 17 日作出（2014）深福法知民初字第 1147 号民事判决，判决：第一，被告深圳东风南方华瑞汽车销售服务有限公司、深圳东风南方汽车销售服务有限公司、深圳市裕朋汽车销售服务有限公司立即停止侵权，删除在新浪微博、搜狐网、凤凰网、爱卡汽车、微站 360、车主之家等网站上所做的涉案相关宣传；第二，被告深圳东风南方华瑞汽车销售服务有限公司、深圳东风南方汽车销售服务有限公司、深圳市裕朋汽车销售服务有限公司应在本判决发生法律效力之日起 10 日内连带赔偿原告陈某、原告深圳市载途科技有限公司经济损失及合理开支共计 6 万元；第三，驳回原告陈某其他诉讼请求；第四，驳回原告深圳市载途科技有限公司其他诉讼请求。宣判后，各方当事人均未上诉，该判决已发生效力。

思路

商标的首要功能是区分商品或服务的来源，即识别功能。权利人有权将商标用作指示自己提供的商品或服务来源的标识，从而建立该标识与自己提供的商品或服务之间的特定联系，并有权禁止他人以可能导致混淆的方式使用相同或近似商标。商标法意义上的混淆，指消费者对商品或服务来源的误认，根据混淆对象的不同，分为直接混淆和间接混淆。直接混淆是指由于在后商标的存在，极有可能使相关消费者误认为其所附着的商品或服务来源于在先商标权利人。商标法禁止直接混淆侵权行为，旨在防止侵权

商标法禁止直接混淆侵权行为，旨在防止侵权者通过使用他人的商标而将自己的商品伪装成他人的商品，从而欺骗消费者。

者通过使用他人的商标而将自己的商品伪装成他人的商品，从而欺骗消费者。间接混淆是指消费者不会对使用特定商标的商品或服务的来源产生混淆，但可能误认为双方经营者存在某种经营上的联系，如联营、许可、赞助等关联关系。

两原告还主张被告华瑞汽车公司、裕朋汽车公司、南方汽车公司的行为构成虚假宣传。东风日产汽车在汽车界具有一定的知名度，上述三被告作为销售东风日产的企业，在宣传文案中使用了"新奇骏百公里"，并不会使相关公众对该活动的组织者产生误解，其主要目的并不在于使公众误认为其为活动的组织者，而是借该活动的影响力宣传造势，增加销售量，节省其本应付出的宣传成本。故被告华瑞汽车公司、裕朋汽车公司、南方汽车公司的行为未作引人误解的虚假宣传。

亦有观点认为上述三被告的行为构成对原告商标声誉的攀附行为，即广告主在未支付对价的情况下利用被攀附商标的声誉进行广告宣传的行为，应适用《中华人民共和国反不正当竞争法》来规制。但对商标声誉进行攀附的广告主在使用商标时，不是为了让消费者误认为其产品或服务是由商标权利人提供，或者误认为其产品或服务与商标权利人具有赞助、许可等关联关系，而是利用知名商标自身独立的声誉，吸引消费者的注意，提升自身的形象，以推销自己的商品或服务以谋取不正当利益。本案中，上述三被告所销售的东风日产汽车在汽车界具有一定的知名度，且拥有自己的注册商标，注册时间早于涉案权利商标，影响范围亦较涉案权利商标大，若认为上述三被告攀附涉案权利商标的知名度和声誉，过于牵强。上述三被告主要系借助百公里活动即将举行的宣传攻势，使相关公众误认为双方存在赞助等关系，吸引消费者注意，增加汽车消费量，故适用商标侵权中的间接混淆侵权更为妥当。

案例 16 侵害商标权诉讼的原告主体资格判定

——深圳市顺平达实业有限公司诉维也纳酒店有限公司侵害商标权纠纷案

本案要旨

在因特许经营合同纠纷引起的侵害商标权诉讼中，原告须举证证明其系商标注册人或使用许可权利人，否则不能认定其与涉案侵害商标权纠纷具有直接利害关系，不能认定其系适格原告。

案情介绍

原告深圳市顺平达实业有限公司，于 2009 年 8 月 9 日与被告维也纳酒店有限公司全资子公司维也纳管理公司签订《加盟管理合同》，约定：原告加盟维也纳管理公司连锁酒店，维也纳管理公司同意给予原告区域保护，并同意在加盟合同有效期内不再在以本加盟酒店为中心限定的区域内开设同类别的维也纳酒店。2010 年 4 月 1 日被告与维也纳管理公司共同向原告发出授权声明，同意原告以深圳维也纳顺平酒店有限公司为企业名称申请营业执照，经营加盟维也纳酒店。在合同履行过程中，原告发现维也纳管理公司违反加盟合同关于区域保护的约定，又与他人签约深圳市龙岗区平湖新景商务酒店项目。原告要求维也纳管理公司立即停止违约行为，但该公司回函表示继续在该处开设维也纳酒店。2011 年 10 月 21 日广州仲裁委员会作出(2011)穗仲案字第 796 号裁决书，裁决维也纳管理公司停止在深圳市龙岗区平湖新景商务大厦开设维也纳酒店的违约行为。裁决生效后，被告作为维也纳管理公司的实际控制人，将维也纳管理公司的股东身份变更为被告，继续经营平湖维也纳新景公司酒店。被告作为维也纳管理公司的 100%

控股股东和实际控制人，平湖维也纳新景公司的实际控制人也是被告；被告公司股东黄某同时担任维也纳管理公司、平湖维也纳新景公司的法定代表人、总经理、执行董事职务。被告于 2012 年 9 月 14 日获得第 7412838 号“维也纳酒店及图形”商标注册，核定使用服务包括餐厅、饭店、住所等，有效期至 2022 年 9 月 13 日。

原告起诉称被告不守诚信，在保护区域内设立“深圳市维也纳新景商务酒店有限公司”，侵犯了原告的合法区域保护权。在庭审时，原告明确本案起诉案由为侵害商标权纠纷，要求保护的商标即第 7412838 号“维也纳酒店及图形”注册商标，并称其依据涉案《加盟合同》《加盟管理合作细则》以及被告、维也纳管理公司共同出具的声明享有上述商标在约定期限内的独占使用许可权。

争议焦点

在原告并非第 7412838 号“维也纳酒店及图形”注册商标注册人的情况下，原告是否已成为第 7412838 号“维也纳酒店及图形”注册商标许可使用权利人。

法院观点

《中华人民共和国商标法》第 43 条规定，商标注册人可以通过签订商标使用许可合同，许可他人使用其注册商标；商标使用许可合同应当报商标局备案。顺平达公司与维也纳管理公司于 2009 年 8 月 9 日签订涉案《加盟合同》《加盟管理合作细则》，约定由维也纳管理公司授权顺平达公司在约定期限、区域内使用“维也纳酒店”名称、服务标志、logo、商业标志，顺平达公司亦因此获得维也纳管理公司承诺给予的区域保护权利。上述《加盟合同》《加盟管理合作细则》签订者系顺平达公司与维也纳管理公司，签订时间为 2009 年 8 月 9 日。维也纳酒店虽于 2010 年 4 月 1 日与维也纳管理公司声明同意顺平达公司以深圳市维也纳顺平酒店有限公司为企业名称向工商部门申请营业执照，但维也纳酒店当时并未获得第 7412838 号“维也纳酒店及图形"商标注册,顺平达公司亦未举证证明维也纳酒店获得商标注册之后已许可其使用上述第7412838号"维也纳酒店及图形"注册商标。事实上,维也纳酒店于2012年9月14日获得第7412838号"维也纳酒店及图形"商标注册时,广州仲裁委员会已就顺平达公司与维也纳管理公司之间的加盟合同纠纷作出(2011)穗仲案字第796号裁决书,深圳市龙岗区人民法院亦以就上述裁决书出具《结案通知书》。顺平达公司虽经维也纳管理公司授权,有权在约定期限、区域内使用"维也纳酒店"名称、服务标志、logo、商业标志,并享有维也纳管理公司承诺给予的区域保护权利,但在第7412838号"维也纳酒店及图形"商标注册人即维也纳酒店明确否认的情况下,不能认定顺平达公司就第7412838号"维也纳酒店及图形"注册商标享有使用许可权利。

裁判结果

深圳市福田区人民法院依照《中华人民共和国民事诉讼法》第119条、《最高人民法院关于适用〈中华人民共和国民事诉讼法〉若干问题的意见》第139条第1款之规定,裁定驳回原告深圳市顺平达实业有限公司的起诉。原告上诉后,二审法院维持一审裁定。

思路

依照《中华人民共和国商标法》的规定,除商标注册人可以依法对侵犯商标权行为向人民法院提起诉讼之外,利害关系人也可以向人民法院提起诉讼。对于利害关系人的范围,《最高人民法院关于审理商标民事纠纷案件适用法律若干问题的解释》第4条进一步规定,利害关系人包括注册商标使用许可合同的被许可人、注册商标财产权利的合法继承人,等等;在发生注册商标专用权被侵害时,独占使用许可合同的被许可人可以向人民法院提起诉讼;排他使用许可使用的被许可人可以和商标注册人共同起诉,也可以在商标注册人不起诉的情况下,自行提起诉讼;普通使用许可合同的被许可人经商标注册人明确授权,可以提起诉讼。

本案原告明确其起诉案由为侵害商标权纠纷,要求保护的商标为第7412838

号“维也纳酒店及图形”注册商标，并称其依据涉案《加盟合同》《加盟管理合作细则》以及被告、维也纳管理公司共同出具的声明享有上述商标在约定期限内的独占使用许可权。被告于2012年9月14日获得第7412838号“维也纳酒店及图形”商标注册，核定使用服务包括餐厅、饭店、住所等，有效期至2022年9月13日，即原告起诉主张的商标侵权行为主体为商标注册权利人。依照“谁主张，谁举证”的民事诉讼规则，原告依法应就其系第7412838号“维也纳酒店及图形”注册商标注册人或许可使用权利人这一事实承担举证责任，这也是决定原告是否具备提起本案商标侵权诉讼主体资格的关键。根据法院查明事实，原告与维也纳管理公司于2009年8月9日签订涉案《加盟合同》《加盟管理合作细则》，约定由维也纳管理公司授权原告在约定期限、区域内使用“维也纳酒店”名称、服务标志、logo、商业标志，原告亦因此获得维也纳管理公司承诺给予的区域保护权利。上述《加盟合同》《加盟管理合作细则》签订者系原告与维也纳管理公司，签订时间为2009年8月9日。被告虽于2010年4月1日与维也纳管理公司声明同意原告以深圳市维也纳顺平酒店有限公司为企业名称向工商部门申请营业执照，但被告当时并未获得第7412838号“维也纳酒店及图形”商标注册，原告亦未举证证明被告获得商标注册之后已许可其使用上述第7412838号“维也纳酒店及图形”注册商标。事实上，被告于2012年9月14日获得第7412838号“维也纳酒店及图形”商标注册时，广州仲裁委员会已就原告与维也纳管理公司之间的加盟合同纠纷作出（2011）穗仲案字第796号裁决书，深圳市龙岗区人民法院亦以就上述裁决书出具《结案通知书》。原告虽经维也纳管理公司授权，有权在约定期限、区域内使用“维也纳酒店”名称、服务标志、logo、商业标志，并享有维也纳管理公司承诺给予的区域保护权利，但在第7412838号“维也纳酒店及图形”商标注册人即被告明确否认的情况下，不能认定原告就第7412838号“维也纳酒店

决定原告是否具备提起本案商标侵权诉讼主体资格的关键。

及图形”注册商标享有使用许可权利。

基于上述分析，在原告并非第7412838号“维也纳酒店及图形”商标注册人，亦未提交充分证据证明其已获得上述注册商标使用许可的情况下，应认定原告与涉案商标侵权纠纷没有直接利害关系，原告提起本案商标侵权诉讼的主体不适格，本案不符合商标侵权诉讼受理条件，依法应予以驳回。

三、其他知识产权民事案件

案例 17 擅自网络实时转播体育赛事构成不正当竞争

——央视国际网络有限公司诉华夏城视网络电视股份有限公司不正当竞争纠纷案

本案要旨

体育赛事节目没有达到我国著作权法中影视作品所要求的创作性高度,其在通常情况下被认定为录像制品。体育赛事节目的权利人无权依照著作权法的规定,要求体育赛事网络盗播行为人承担著作权侵权责任,但体育赛事节目的权利人可依照反不正当竞争法的规定,要求体育赛事网络盗播行为人承担不正当竞争侵权责任。

案情介绍

国际足联确认,中央电视台(CCTV)独家享有 2014 年巴西世界杯比赛在中同大陆的转播权,并有权针对侵犯国际足联所授予中央电视台权利的行为或不正当竞争行为提起诉讼。中央电视台授权原告央视国际网络有限公司在全世界范围内独家行使将 2014 年巴西世界杯比赛通过信息网络向公众传播、广播(包括但不限于实时转播或延时转播)的权利,并有权以自己的名义针对网上侵权行为和不正当竞争行为提起维权诉讼。

原告央视国际网络有限公司通过公证取证的方式证明被告经营的“tv.cutv.com”网站通过信息网络向公众传播 2014 年巴西世界杯节目的在线播放服务,侵犯了原告对巴西世界杯足球赛事节目依据《中华人民共和国著作权法》第 10 条第 17 项所规定的应当由著作权人享有的其他权利,同时,构成不正当竞争行为,请求法院判令:立即停止侵权及不正当竞争行为,赔偿经济损失的法律责任。

争议焦点

被告通过网络传播正在直播的巴西世界杯足球赛事节目是否侵犯原告的著作权，是否构成不正当竞争。

法院观点

原告认为，经中央电视台制作播出的巴西世界杯赛事直播节目是类似电影的方式创作的作品。法院认为，对于涉案体育赛事直播节目而言，其制作拍摄的目的是为观众呈现真实、客观比赛全过程，在赛事直播进行时，各摄影师操控摄像机进行摄制，电视导播对不同机位拍摄的画面进行取舍、剪辑，均服务于上述目的。体育赛事只是一连串意外情况的结果，电视导播无法控制比赛进程，体育赛事直播节目的性质决定了电视导播、摄制者在节目中并非处于主导地位，体育赛事直播节目制作人在体育赛事直播节目能够按照其意志做出的选择和表达非常有限。电视导播从大量的图像、摄像角度和特技效果进行选择、编排有智力成果的投入，由不同的团队进行直播，呈现的赛事直播画面亦会有所区别，但其所体现的创作性，尚不足以达到我国著作权法所规定的以类似摄制电影的方法创作的作品的高度，不属于我国著作权法规定的作品。根据《中华人民共和国著作权法实施条例》第5条第3项规定，录像制品，是指电影作品和类似摄制电影的方法创作的作品以外的任何有伴音或者无伴音的连续相关形象、图像的录制品，由国际足联拍摄的、经中央电视台制作播出的巴西世界杯赛事直播节目应认定为录像制品。此外，原告认为被告行为侵犯了原告在中国大陆独家网站直播巴西世界杯赛事节目的权利，同时构成不正当竞争。1993年《中华人民共和国反不正当竞争法》第2条规定，经营者在市场交易中，应当遵循自愿、平等、公平、诚实信用的原则，遵守公认的商业道德。违反本法规定，损害其他经营者的合法权益，

电视导播从大量的图像、摄像角度和特技效果进行选择、编排有智力成果的投入，由不同的团队进行直播，呈现的赛事直播画面亦会有所区别，但其所体现的创作性，尚不足以达到我国著作权法所规定的以类似摄制电影的方法创作的作品的高度，不属于我国著作权法规定的作品。

扰乱社会经济秩序的行为属于不正当竞争。法院认为,该规定同样适用于互联网市场领域。在本案中,原告经授权取得了涉案赛事节目通过信息网络(包括但不限于互联网络)向公众传播、广播(包括但不限于实时转播或延时转播)、提供之权利。原告与被告之间存在竞争关系,被告未经授权,擅自向网络用户提供涉案两场赛事节目实时转播服务,增加被告网络流量的同时,减少了原告通过网络直播获取经济收益的机会,该行为违背了公认的商业道德和诚实信用原则,构成不正当竞争。综上,被告未经权利人许可,利用"tv. cutv. com"网站实时转播中央电视台直播的两场巴西世界杯足球赛事节目,对原告构成不正当竞争,应承担相应的民事责任。

裁判结果

广东省深圳市福田区人民法院依据 1993 年《中华人民共和国反不正当竞争法》第 2 条、第 20 条、《中华人民共和国著作权法实施条例》第 5 条第 3 项之规定,判决:第一,被告华夏城视网络电视股份有限公司赔偿原告央视国际网络有限公司经济损失及合理支出 12 万元。第二,驳回原告央视国际网络有限公司的其他诉讼请求。一审宣判后,原告和被告双方均未提起上诉。

思路

涉体育赛事节目保护案件是目前人们关注的热点案件,如何妥善处理该类案件,对于保护体育赛事节目权利人利益、促进体育产业快速发展、平衡各方利益来说至关重要。因此,研究本案,对类似案件的审理具有参考价值。

一、体育赛事、体育赛事节目的区分

从目前全国各地法院关于体育赛事节目的判决来看,当网站未经许可与电视台同步实时转播体育赛事节目时,体育赛事节目的权利人提起维权之诉的民事权利基础大致有:体育赛事节目视频的动产物权、录音录像制作者权和广播组织者权、以类似摄制电影的方法创作的作品的著作权、体育赛事节目画面的著作权，等等。面对当事人提出的上述诉讼请求及主张，法官之间对体育赛事节目的定性亦存在作品与制品之争，有的判决认定体育赛事节目为录像制品，而有的判决则认定体育赛事节目的画面为作品。

对体育赛事节目定性不同，将会导致权利主体所享有的权利范围及对侵权行为的控制范围亦不同，从而对具体案件的裁判结果带来不同影响。如果将体育赛事节目定性为录像制品，则体育赛事节目的权利人就无法依据我国《中华人民共和国著作权法》的规定，对未经许可实施的网络实时转播行为主张权利；但将体育赛事节目的画面认定为作品，则体育赛事节目的权利人就可以依据我国著作权法的规定，向未经许可实施的网络实时转播行为主张权利。如此，如何在我国现行著作权法立法背景下，妥当认定体育赛事节目的性质及保护方法，颇引人思考。笔者认为，体育赛事与体育赛事节目是两个完全不同的概念。

所谓体育赛事，是指按照统一的规则要求，组织与实施的运动员个体或运动队之间的竞技较量活动。在通常情况下，体育赛事是客观发生的，没有预先设计的动作、比赛经过与结果。同时，体育比赛中运动员水平的发挥以及由此带来的具体比赛结果，具有一定的偶然性和不确定性。换句话说，对某一具体体育赛事来说，其具有唯一性和不可复制性，因此，体育赛事不可能被看作作品或其他智力创作的成果，从而被纳入著作权或邻接权客体的范畴。

对某一具体体育赛事来说，其具有唯一性和不可复制性，因此，体育赛事不可能被看作作品或其他智力创作的成果，从而被纳入著作权或邻接权客体的范畴。

体育赛事节目，是指在体育赛事活动进行的过程中，通过拍摄机值的设置、摄像镜头的选择、主持人解说、字幕、回放镜头或特写、采访、编导的参与等方面，对体育赛事活动进行拍摄而形成的供广大观众在屏幕前观赏的电视节目。体育赛事节目的制作过程具有创作性和可复制性，如果其创作的高度达到了我国著作权法对作品的要求高度，那么其将可能被认定为作品；如果其创作高度没有达到我国著作权法对作品的要求高度，那么其将可能被认定为录像制品，进而依据我国著作权法的规定，获得与其定性相适应的法律保护。可见，体育赛事节目作为人们智力创作活动的成果，应根据其独创性的高低被认定为是作品或制品，从而成为著作权或邻接权的权利客体。

体育赛事节目作为人们智力创作活动的成果，应根据其独创性的高低被认定为是作品或制品，从而成为著作权或邻接权的权利客体。

体育赛事节目之所以能以电视机屏幕为载体展现在广大观众面前，是因为体育赛事活动被拍摄人、制作人以上述拍摄、编辑的方法完成创作后，再由广播电视台通过信号将体育赛事节目对外进行传输来实现的，此即为传输体育赛事节目的信号。体育赛事节目与传输信号之间的关系，就如同船与流水的关系，流水是载体，船通过载体而运行。为了调整基于节目信号传输所带来的利益冲突，我国著作权法专门规定了广播组织者权，从而赋予广播电台、电视台对其传输节目信号的专有控制权。

二、涉案体育赛事节目的性质

我国著作权法将含有视听内容的智力创作成果，剥分为“电影作品”和“以类似摄制电影的方法创作的作品”（统称影视作品）以及“录像制品”两大类：根据《中华人民共和国著作权法实施条例》第5条第3项关于录像制品的定义，以及第2条关于作品的定义可知，独创性的高低，是影规作品和录像制品区分的标准。换句话说，凡达到影视作品创作高度的，就是影视作品；凡未达到影视作品创作高度的，就是录像制品。

涉案体育赛事节目的独创性，主要体现在对现场比赛的拍摄及解说，包括机位的设置、镜头的选择、主持、解说和编导的参与等方面，但其作为以直播现场体育比赛为主要目的的电视节目，在独创性上尚未达到电影作品和以类似摄制电影的方往创作的作品的高度，特别是其中对于比赛进程的控制、拍摄内容的选择、解说内容的编排等方面，摄制者按照其意志所能做出的选择和表达非常有限，摄制者并非处于主导地位。根据《中华人民共和国著作权法

独创性的高低，是影规作品和录像制品区分的标准。

实施条例》第5条第3项的规定，应当将涉案体育赛事节目认定为录像制品。既然原告主张权利的涉案体育赛事节目不构成作品，那么原告无权依据著作权来指控被告侵权。

同时，根据《中华人民共和国著作权法》第42条的规定，录像制作者对其制作的录像制品享有复制权、发行权、出租权和信息网络传播权，不包括网络实时转播权，如此，本案原告亦无权依照著作权法所规定的录像制作者权指控被告的网络实时转播之盗播行为。

三、涉案网络实时转播行为构成不正当竞争

涉案被告的行为虽然无法被著作权法所控制，但其行为却有可能构成不正当竞争，从而被反不正当竞争法所调整。原告是中央电视台下设的网络经营公司，设立的主要目的是将中央电视台已经和正在播出的电视节目再以网络平台播出，从而适应我国推进三网融合发展经济政策，构建新的经济发展模式。被告亦经我同有关广播行政主管机关审批而成立，设立的主要目的是搭建一个网络平台，将自己经营的电视台和各地方电视台已经播出的电视节目上传到这个平台供网络用户欣赏，以适应我国三网融合经济发展的政策要求，开辟新的营利模式。可见，从原告和被告双方的经营模式来看，原告和被告双方均有以网络实时转播或点播的方式，向网络用户提供正在或已经播出的电视节目的行为，以此获取广告等收益，二者具有同业竞争关系。

本案中，中央电视台斥巨资从国际足联获得2014年巴西世界杯在中国大陆的独家转播权，包括通过卫星、宽带互联网传输等方式直播、延迟播放和重播2014年巴西世界杯期间所有比赛，中央电视台邀请了众多国内知名解说及嘉宾，通过专业的节目制作播出技术，花费了大量人力，物力、财力，将精彩纷呈、引人入胜的世界杯决赛阶段比赛以电视节目的形式向全国观众传播。同时，中央电视台将2014年巴西世界杯比赛通过信息网络(包括但不限于实时转播或延时转播)的权利，授权原告央视国际网络有限公司独占行使。被告基于逐利动机，在未经权利人许可的情况下，将2014年巴西世界杯两场足球比赛节目，以网络实时转播的方式通过其经营的网络平台进行播出,该行为在增加被告网络流量的同时,减少了原告通过网络直播涉案体育赛事节目获取经济收益的机会,明显违背公认的商业道德和诚实信用原则,构成不正当竞争,法院据此追究被告不正当竞争侵权的法律责任,无疑是妥当的。

案例 18 客户名单作为商业秘密保护的构成要件

——康戴尔电子(深圳)有限公司诉深圳市铭昊欣电子有限公司等侵害商业秘密纠纷案

本案要旨

作为商业秘密保护的客户名单,一般都需要通过投入一定的人力、物力并经过反复接触、交易从而形成相对长期稳定的客户信息资料。原告可以通过交易发生、经营往来、投入劳动、付出时间和资金等方面的举证来表明其与客户之间已经建立了相对长期、稳定的业务关系。违反约定或者违反权利人有关保守商业秘密的要求而披露、使用或者允许他人使用其所掌握的商业秘密,构成对他人商业秘密的侵犯。

案情介绍

原告康戴尔电子(深圳)有限公司成立于2000年6月13日,经营范围包括散热器、散热风扇、散热界面、电脑周边配件的组装。被告张某于2003年2月5日入职原告业务部处工作,2003年7月起任业务部经理,2005年4月19日原告与张某签订了保密合同,被告唐甲签订担保书,承诺对张某违反保密协议的侵犯原告商业秘密行为承担连带赔偿责任。张某于2009年4月30日从原告处离职。2009年4月20日张某以其本人、妻子唐甲、妻妹唐乙的名义成立了被告铭昊欣公司,该公司经营范围与原告经营范围一致,张某也直接任职于铭昊欣公司,并全面负责业务开展。2010年6月17日,原告诉称被告张某违反保密合同约定,利用其在原告处任职期间获悉的原告客户资源、采购材料、产品市场竞争低价、进货供应商渠道等核心商业秘密,蓄意压低价格,恶意抢走本属于原告的相关客户。铭昊欣公司在明知张某违反保密合同约定而披露、使用原告的商业秘密时,非但不拒绝反而积极配合,共同侵犯了原告的商业秘密。唐甲作为连带责任人,应对张某违反保密合同约定而实施的侵犯商业秘密行为导致的经济损失承担连带赔偿责任。

争议焦点

1. 原告主张保护的客户名单是否符合商业秘密法定条件;

2. 被告铭昊欣公司、被告张某是否侵犯原告商业秘密。

法院观点

依照《最高人民法院关于审理不正当竞争民事案件应用法律若干问题的解释》第13条的规定,商业秘密中的客户名单,一般是指客户的名称、地址、联系方式以及交易的习惯、意向、内容等构成的区别于相关公知信息的特殊客户信息,包括汇集众多客户的客户名册以及保持长期稳定交易关系的特定客户。客户作为单位或个人的存在,具有公开性,作为商业秘密保护的客户名单,一般都需要通过投入一定的人力、物力并经反复接触、交易,从而形成相对长期、稳定的客户信息资料。原告可以通过交易发生、经营往来、投入劳动、付出时间和资金等方面的举证来表明其与客户之间已经建立了相对长期、稳定的业务关系。从原告向法院提交的其与福建星网视易信息系统有限公司、福建实达电脑设备有限公司、福建星网锐捷通讯股份有限公司、福建升腾资讯有限公司进行交易的证据来看,自2007年7月至2010年6月,原告向上述4家客户供应散热器产品金额达700万余元,已与上述4家客户建立了相对长期、稳定的业务联系。原告通过自己的经营努力形成的上述特定化客户资料系原告经营信息,并不为通常从事有关工作的人员所普遍知悉,从其他公开渠道亦不易获得,具有商业秘密特有的秘密性。上述经营信息的价值性体现在其所伴随的交易机会、销售渠道及销售利润的增加,能够直接在销售业务中获得时间优势、提供竞争能力,具有商业秘密特有的实用性。原告通过与被告张某签订《保密合同书》的形式,约定被告张某负有相应保密义务,属于法律意义上的保密措施。因此,原告主张的有关福建星网视易信息系统有限公司、福建实达电脑设备有限公司、福建星网锐捷通讯股份有限公司、福建升腾资讯有限公司的客户名单,作为经营信息具有秘密性、实用性、保密性,构成受法律保护的商业秘密。

本案中,被告张某于2003年7月至2009年4月在原告公司任职业务部经理,能接触并掌握原告主张的涉案客户名单。被告张某与原告签订《保密合同书》,其离职后从事商业经营活动,须履行保守原告商业秘密的合同义务。张某于2009年4月30日从原告公司离职,此后任职于被告铭昊欣公司。被告铭昊欣公司成立于2009年4月20日,注册资本50万元,经营范围内的散热器等产品与原告经营范围存在重合之处,其法定代表人唐乙与被告张某之间亦存在一定程度上的亲属关系。

被告铭昊欣公司承认其向福建星网视易信息系统有限公司、福建实达电脑设备有限公司、福建星网锐捷通讯股份有限公司、福建升腾资讯有限公司等4家公司供应了铭昊欣公司经营范围内的产品。法院以(2010)深福法知产初字第715号证据保全民事裁定,要求被告铭昊欣公司在指定期限内向法院提交其与上述4家公司之间的往来发票、合同、订单、出货单等交易凭证,铭昊欣公司未予提供。依照法律规定,有证据证明一方当事人持有证据而无正当理由拒不提供,如果对方当事人主张该证据的内容不利于证据持有人,可以推定该主张成立。对于一个2009年4月20日注册成立的小型企业而言,从不特定的工作信息中寻找适合其需求的客户并建立相对稳定的业务关系,必然要付出一定的人力、物力和财力,但被告铭昊欣公司并未提交这方面的证据,不能证明其与涉案客户发生业务关系是其通过自身努力或劳动而实现的。综合考虑本案情况及当事人的举证责任,可以认定:被告张某已违反其与原告之间的保密合同约定,向被告铭昊欣公司披露了原告要求保护的涉案客户名单,构成对原告商业秘密的侵犯;被告铭昊欣公司应当知晓被告张某的上述侵权行为,仍然获取、使用原告要求保护的涉案客户名单,亦构成对原告商业秘密的侵犯。被告铭昊欣公司、被告张某应立即停止侵权,并应依法向原告赔偿经济损失。

裁判结果

深圳市福田区人民法院依照1993年《中华人民共和国反不正当竞争法》第10条、第20条,《最高人民法院关于审理不正当竞争民事案件应用法律若干问题的解释》第13条、第14条、第16条、第17条之规定,判决被告深圳市铭昊欣电子有限公司、被告张某立即停止侵犯原告康戴尔电子(深圳)有限公司要求保护的涉案客户名单的行为,停止向原告要求的四家公司供应其经营范围内产品,并赔偿原告经济损失120,000元,原告的其他诉讼请求判决驳回。铭昊欣公司、张某不服上述判决,提起上诉。深圳市中级人民法院判决驳回上诉,维持原判。

思路

近年来,涉及客户名单的侵犯商业秘密纠纷有逐渐增多的趋势,且多因员工离职后,自己或协助第三人与原单位客户进行交易而引起。

商业秘密,是指不为公众所知悉、能为权利人带来经济利益、具有实用性并经权利人采取保密措施的技术信息和经营信息。作为商业秘密保护的客户名单,同样具有商业秘密的秘密性、实用性、价值性等特点,一般是指客户的名称、地址、联系方式以及交易的习惯、意向、内容等构成的区别于相关公知信息的特殊客户信息,包括汇集众多客户的客户名册以及保持长期、稳定交易关系的特定客户。

本案原告主张的客户名单是否构成商业秘密,可以从以下几方面综合考虑:第一,原告与涉案四家客户发生了长期、稳定的业务联系,通过自己的经营努力形成了上述特定化客户经营信息,并不为通常从事有关工作的人员所普遍知悉,从其他公开渠道亦不

是否构成商业秘密,可以从三个方面综合考虑:

1. 是否具有秘密性。

2. 是否具有实用性。

3. 是否采取保密措施。

易获得，具有商业秘密特有的秘密性。第二，上述经营信息的价值性体现在其所伴随的交易机会、销售渠道及销售利润的增加，能够直接在销售业务中获得时间优势、提高竞争能力，具有商业秘密特有的实用性。第三，原告通过与被告张某签订《保密合同书》的形式，约定被告张某负有相应保密义务，属于法律意义上的保密措施。因此，原告主张的涉案4家客户名单属于受法律保护的商业秘密，应当受到法律的保护。

案例 19 委托合同解除后应公平合理地处理双方权利义务关系

——寰影公司诉王某委托创作合同纠纷案

本案要旨

基于影视制作行业具有时效性的特点，受托人延期交付剧本已致使受托人无法继续拍摄，构成根本违约，委托人有权解除合同。在合同解除后，考虑到文学创作活动的特点，受托人为创作涉案剧本所付出的智力劳动无法恢复，本案在判决违约金时对此予以适当平衡。同时，为了继续发挥已创作剧本的价值，本案进一步明确了合同解除后已创作剧本的著作权归属。

案情介绍

2013 年 1 月 17 日寰影公司与王某签订《影视剧本创作使用合同书》，约定：寰影公司委托王某作为编剧，以东江纵队故事为原型，创作《迟来的番号》(暂定名)剧本，篇幅暂定为 25 集；寰影公司分阶段支付王某编剧费 87.5 万元。2013 年 12 月 6 日寰影公司与王某在之前合同基础上签订了《影视剧本创作摄制使用合同书补充协议》(以下简称《补充协议》)，约定王某须在 3 个月内创作完成所有剧集内容的第一稿。寰影公司已向王某支付 70% 的编剧费，但王某仅向寰影公司交付了剧本 1～15 集的第一稿。双方因此发生纠纷，寰影公司以委托创作合同纠纷将王某诉至法院。寰影公司主张王某未能交付全部剧本，且已交付的 15 集剧本不符合要求，要求解除合同，王某返还已支付的编剧费 61.25 万元，并承担逾期交付剧本的违约金 397,687.5 元。王某主张其已交付完毕 25 集剧本，之后是因为寰影公司不断变更创作思路，且寰影公司逾期付款构成违约，故提出反诉，要求寰影公司继续支付剩余编剧费26.25万元,并支付逾期付款违约金503,125元。

争议焦点

1. 如何认定违约责任;

2. 是合同解除后如何处理双方的权利义务关系。

法院观点

一、关于第一个争议焦点,如何认定违约责任

王某主张寰影公司延期付款构成违约,其主张延期支付的款项分别为:2013年2月22日支付的编剧费131,250元迟延了12日、2013年12月19日支付的编剧费87,500元迟延了6日以及2014年7月11日支付的编剧费87,500元迟延了171日。上述三笔费用的付款义务均先于王某交付剧本的义务,寰影公司延期付款的行为违反了合同约定,应承担支付违约金的违约责任。合同约定的每日按编剧费总金额0.05%的标准的计算基数明显高于实际损失,且寰影公司提出其不构成违约无须支付违约金的抗辩理由可视为提出了调低违约金的请求,故违约金标准调低至每日按未付编剧费的0.05%计付。三笔违约金共计为8531.25元。

寰影公司主张王某迟延交付剧本构成违约,王某对此提出的抗辩理由包括以下三点:

1. 关于王某提出的其已交付共计25集的剧本,已依约履行交付义务的抗辩理由。根据《补充协议》的约定,王某交付的剧本应为一部完整的以东江纵队故事为原型的25集剧本,而且王某亦负有对剧本进行修改的义务,但王某实际交付的剧本为第一版《迟来的番号》1~15集和对《迟来的番号》修改后的《迟来的故事》1~10集,其并未交付一部完整的25集剧本,尚未履行完毕合同约定的交付剧本的义务。

2. 关于王某提出的系因寰影公司一再调整剧本创作的基本思路,且一直没有具体明确的创作修改指示,导致其无法继续创作的抗辩理由。首先,王某于2014年2月6日提交的《迟来的番号》故事大纲显示此时创作思路

已由单纯的抗日历史剧变更为由现代人物回忆抗日历史，而且从双方的微信聊天记录可知，王某确认变更后的创作思路系其提出的建议，且未要求增加编剧费用，可见在2014年2月6日之前双方就该创作思路的变更已达成一致意见。其次，王某以其交付的《抗战简明手册》故事大纲和人物介绍为由主张寰影公司再次变更创作思路，经比对，除名称变化外，《抗战简明手册》故事大纲与2014年2月6日提交的《迟来的番号》故事大纲一致，不能证明寰影公司在2014年2月6日之后又变更了创作思路。再次，从2016年10月11日王某回复的微信内容来看，王某称其未继续创作的理由是担心寰影公司拍不出来或者卖不出去，其是在想办法让自己升值，从而带动剧本受重视，而上述理由均不能成为其拒绝交付后续剧本的合法抗辩理由。最后，王某主张其未收到寰影公司具体明确的创作修改指示故无法继续创作，但合同并未约定王某前一阶段的创作成果须得到对方确认后才能开始下一步创作，故王某该主张缺乏合同依据。根据以上分析，王某提出的因寰影公司一再调整剧本创作的基本思路且一直没有具体明确的创作修改指示，导致其无法继续创作的抗辩理由，缺乏事实和法律依据，不予采纳。

3. 关于王某提出的寰影公司迟延付款的抗辩理由。虽然寰影公司上述迟延付款的行为已构成违约，但就其违约情形和后果而言并未导致王某不能实现合同目的，不构成根本违约。而且在寰影公司履行付款义务后双方仍在就剧本申报的事宜进行合作，表明双方仍在继续履行合同。因此，王某不能因寰影公司延期付款的行为拒绝履行交付后续剧本的义务，对王某这一抗辩理由亦不予采纳。

虽然王某不能因寰影公司延期付款的行为而拒绝交付剧本，但其交付剧本的履行期限可以相应顺延。根据《补充协议》约定，王某应在2013年12月6日起3个月内创作完成所有剧集内容的第一稿，而寰影公司应在2013年12月6日起45日内支付编剧费

虽然寰影公司上述迟延付款的行为已构成违约，但就其违约情形和后果而言并未导致王某不能实现合同目的，不构成根本违约。而且在寰影公司履行付款义务后双方仍在就剧本申报的事宜进行合作，表明双方仍在继续履行合同。因此，王某不能因寰影公司延期付款的行为拒绝履行交付后续剧本的义务。

8.75万元，可见王某向寰影公司提交完整的25集剧本第一稿的履行期限为寰影公司支付该笔款项后45日内，故王某应在2014年7月11日付款之日起45日内即2014年8月25日前提交完整的25集剧本第一稿，但王某直至庭审时即2016年12月2日仍未向寰影公司交付完整的25集剧本第一稿。鉴于电视剧的拍摄发行具有一定的时效性，王某迟延履行交付剧本已逾期达两年多，致使寰影公司不能实现合同目的，构成根本违约，寰影公司有权解除合同。寰影公司诉请解除涉案合同，理由成立，予以支持。

王某迟延履行交付剧本已逾期达两年多，致使寰影公司不能实现合同目的，构成根本违约，寰影公司有权解除合同。

二、关于第二个争议焦点，合同解除后如何处理双方的权利义务关系

合同解除后，尚未履行的，终止履行；已经履行的，根据履行情况和合同性质，当事人可以要求恢复原状、采取其他补救措施，并有权要求赔偿损失。对寰影公司诉请王某返还已支付的编剧费人民币612,500元，法院予以支持。涉案合同性质为委托创作合同，合同解除后，已完成创作成果的著作权应归王某所有，寰影公司不得使用该部分创作成果。王某反诉寰影公司继续履行支付剩余编剧费人民币262,500元，因合同解除后尚未履行部分终止履行，故寰影公司无须再支付该笔编剧费。寰影公司诉请王某支付违约金人民币397,687.5元，因合同约定的该违约金条款的适用条件为双方继续履行合同，但寰影公司已选择解除合同，故该违约金条款不予适用，对寰影公司据此提出的支付违约金的诉讼请求，不予支持。王某反诉要求寰影公司支付延期付款的违约金人民币503,125元，如前所述，寰影公司应向王某支付的该部分违约金为人民币8531.25元，超出部分不予支持。

裁判结果

深圳市福田区人民法院于2017年2月6日判决：

解除双方签订的《影视剧本创作使用合同书》和《补充

协议》;王某向寰影公司返还编剧费用人民币612,500元;寰影公司向王某支付延期付款违约金人民币8531.25元。

一审判决后,双方均未提起上诉,一审判决已生效。

思路

本案属于委托创作合同纠纷典型案例。相比于一般的委托事项,委托创作合同纠纷有其特殊性,主要体现在:首先,委托创作是受托方按照委托方的要求进行创作活动,其后果体现为创作者的一种智力成果。而对智力成果的评判主观性较大,当事人容易形成截然不同的意见,由此产生纠纷的可能性较大。其次,受托人为创作所付出的智力劳动无法恢复,已创作的智力成果如何发挥其价值等事项,是法官在裁判时必须考量的因素。

受托人为创作所付出的智力劳动无法恢复,已创作的智力成果如何发挥其价值等事项,是法官在裁判时必须考量的因素。

四、知识产权刑事案件

案例 20 翻新二手手机后再销售的行为性质的判定

——陈某、左某假冒注册商标罪案

本案要旨

购买二手手机翻新后再以二手手机名义出售，是否构成假冒注册商标罪。

案情介绍

2015 年 6 月被告人陈某开始租用深圳市福田区南华村 68 栋 307 房，从华强北市场收购二手苹果手机及手机显示屏、耳机、充电线及带有“ ”和“iPhone”注册商标的外包装盒等配件，并雇用他人，通过更换手机屏幕等配件组装苹果手机，再使用带有“ ”和“iPhone”注册商标的外包装盒包装之后，通过淘宝网店“标准数码 HK”对外销售。被告人左某与被告人陈某系表亲关系，被告人左某明知被告人陈某以上述方式更换、组装并销售苹果手机，而仍协助其负责淘宝网店“标准数码 HK”的售后服务。2015 年 11 月 9 日深圳市公安局福田分局对深圳市福田区南华村 68 栋 307 房进行搜查，现场抓获被告人陈某、左某，查获疑似假冒苹果手机 323 部、手机屏幕 10 个、耳机、充电器等配件及带有“ ”和“iPhone”注册商标的包装盒若干。

针对公诉机关的指控，被告人陈某极其辩护人辩称：(1) 证明陈某购入的苹果屏幕为假冒苹果产品的唯一证据，即苹果公司出具的鉴定报告不具有真实性，不能作为定案的根据；(2) 有充分证据证明购入的屏幕系原装屏幕，用原装屏幕更换问题屏幕，再次以二手手机对外销售，类似于维修行为，不属于翻新行为；(3)对产品维修后，以二手手机进行销售，属于商标的合理使用范畴，依然适用商标权用尽原则，这样的行为连民事侵权都不构成，更不构成假冒注册商标罪；(4)现场查扣了手机包装盒111套以及陈某已经销售了部分包装盒，已经销售的部分无法查清具体数量，不能计算出涉案金额，包装盒虽然系假冒产品，但不能作为定罪的证据使用；(5)本案所有侵权产品，都按照型号、制式、颜色、内存等不同来标注价格，并不属于没有标注价格或无法查清价格的情形，对手机委托鉴定机构进行价格鉴定，不具有合法性，侵权产品的价格认定应当以实际标注价格计算；(6)被告人仅更换了苹果屏幕，并未更换其他配件，而苹果屏幕也是独立产品，具有相应的价格，被告人如果存在侵权，也仅仅侵犯了屏幕的商标权，而不是全新手机的商标权，应独立计算屏幕的侵权价格。

被告人左某及其辩护人辩称，其行为不构成假冒注册商标罪，即使其构成假冒注册商标罪，亦应对左某减轻处罚，理由如下：(1)被告人左某不是老板、股东，仅系普通职员，入职时间短、作用小、情节轻微，系从犯，犯罪情节轻微，应予减轻处罚；(2)本案客户并无受骗报案记录；(3)苹果公司作为本案的利害关系人，其出具的鉴定意见仅能作为本案定罪量刑的证据之一，而非唯一参照。

争议焦点

二被告人购买旧手机翻新后再销售的行为是否符合假冒注册商标罪的构成要件。

法院观点

《中华人民共和国刑法》第213条规定的假冒注册商标是指未经注册商标所有人许可，在同一种商品上使用与其注册商标相同的商标的行为。由此可见,假冒注册商标罪的核心行为特征是"商标使用行为"。

假冒注册商标罪的核心行为特征是"商标使用行为"。

本案中,被告人陈某购买旧手机后翻新再销售,虽然未对标注或者张贴在原有旧商品上的注册商标加以改动,但其用于翻新的零配件为产品核心配件且并未经过原商品生产商授权,其翻新行为,实际上破坏了原产品的完整性,对原产品进行了实质性的改造,已不再是商标权人生产、销售或授权生产、销售的产品。其保留原商标的销售行为,实质上是利用商标权人的商誉为自己的二手组装机销售服务,侵犯了应该由商标权人垄断控制的商标使用范畴,构成了商标法及刑法意义上的"使用"行为。

裁判结果

深圳市福田区人民法院依照《中华人民共和国刑法》第213条、第25条、第26条、第27条、第67条第3款、第52条、第53条及第64条之规定,判决如下:第一,被告人陈某犯假冒注册商标罪,判处有期徒刑3年2个月,并处罚金人民币32万元。第二,被告人左某犯假冒注册商标罪,判处有期徒刑1年6个月,并处罚金人民币10万元。第三,缴获的假冒注册商标之产品及翻新工具依法予以没收、销毁。

宣判后,两被告人提出上诉,深圳市中级人民法院驳回上诉,维持原判。

司法实践一般认为,当商标权商品在销售过程中,若商品质量发生变化,而继续出售会有害于商标的声誉时,则商标权人均可以商标专用权制止该商标权商品的继续销售,即此时商标权用尽原则不再使用。

思路

本案中辩护人以"商标权用尽原则"进行抗辩。所谓商标权利用尽,指商标权商品如经包括商标权所有人和被许可人在内的商标权主体以合法的方式销售或转让,主体对该特定商品上的商标权即告穷竭,无权禁止他人在市场上再行销售该产品或直接使用。

目前的司法实践一般认为,当商标权商品在销售过程中,若商品质量发生变化,而继续出售会有害于商标的声誉时,则商标权人均可以商标专用权制止该商标权商品的继续销售,即此时商标权用尽原则不再使用。结合本案案情,被告人陈某在翻新二手手机时,使用了并非商标权利人授权使用的主要零配件,其翻新行为,已经更改了原商品的质量,同时,其在淘宝网店声称其等销售的是原装手机,该宣传与实际销售的手机性状亦不相符,使消费者误以为从被告人陈某淘宝网店购买的手机来源于苹果公司,混淆了商品来源,且对苹果公司产品的质量产生怀疑,从而损害商标权人苹果公司的声誉,该行为显然超出了商标权用尽原则的范畴,是假冒注册商标罪中典型的“使用”行为。

本案中购入二手手机翻新销售的行为,判定该行为是否合法,有没有构成假冒注册商标罪中的“使用”,此外还要从该行为特征具体分析,最终确定的标准是该行为是否侵犯该罪名所保护的客体,即他人合法的注册商标专用权以及国家商标管理秩序。

随着现代社会对商标价值的认同以及企业品牌意识的增强,巨大经济利益驱动下的假冒注册商标的“搭便车”行为也是层出不穷,如本案中购入二手手机翻新销售的行为,判定该行为是否合法,有没有构成假冒注册商标罪中的“使用”,此外还要从该行为特征具体分析,最终确定的标准是该行为是否侵犯该罪名所保护的客体,即他人合法的注册商标专用权以及国家商标管理秩序。

案例 21　HOME 键“”注册商标使用行为的定性

——刘某假冒注册商标罪案

本案要旨

假冒注册商标罪成立前提是对涉案商标的使用构成商标意义上的使用行为。

案情介绍

2014 年 10 月 28 日 13 时，广州某管理有限公司的员工张某举报，称有四五个人在深圳市福田区某村某栋某房生产、销售假冒注册商标的商品。民警接报后于当天 15 时对该地进行突击检查，抓获了被告人刘某及工人三名，查获手机 2620 部、后盖 510 个等涉案物品。

经苹果公司鉴别，上述查获的 2620 部手机均为假冒苹果公司返回键注册商标的产品。经鉴定，上述 2620 部假冒苹果手机共价值人民币 78，600 元。另查，被告人刘某的账簿记录其已出售的假冒苹果手机金额约为人民币 6 万元。

争议焦点

对手机上 HOME 键“”注册商标使用行为应当如何定性。

法院观点

要构成侵犯注册商标罪，应当具有以下要件：（1）构成商标意义上的使用行为；（2）所使用的商标相同；（3）所使用的产品相同；（4）未经权利人许可，且主观上是故意；（5）情节严重。所谓商标性使用，是指权利人将特定文字或图形等作为标识使用，用以建立该标识与特定商品之间的联系，应能够起到区分商品或服务来源的作用。传统意义上的假冒商标行为最根本的目的是误导相关公众对商品的来源作出错误的判断，进而作出错误的选择，购买假冒的产品。反之，如果他人对商标标识的使用行为不会起到区分商品或服务来源的作用，即便其确实使用于相同或类似商品或服务上，亦不属于商标权的保护范围。“”作为手机的功能按键，是手机本身固有的配件之一，目的是从功能上指示消费者操作手机，以实现智能手机的设计功能，如发送和接收电话呼叫功能而设置的按键，而不是从识别商品来源的意义上以商业标识的方式使用该标识。

> **如果他人对商标标识的使用行为不会起到区分商品或服务来源的作用，即便其确实使用于相同或类似商品或服务上，亦不属于商标权的保护范围。**

因此，苹果公司对其 HOME 键“”注册商标不属于商标性使用，普通消费者在购买涉案手机时，也不会将“”作为商品来源的标识，民事侵权尚不构成，更不应认定构成犯罪。

裁判结果

在诉讼过程中深圳市福田区人民检察院以本案证据不足为由，向深圳市福田区人民法院提出撤回对被告人刘某的起诉要求，并向深圳市福田区人民法院发出了深福检撤诉(2015)33 号撤回起诉决定书。深圳市福田区人民法院于 2015 年 8 月 21 日作出(2015)深福法知刑初字第 60 号刑事裁定，准许深圳市福田区人民检察院撤回对被告人刘某涉嫌犯假冒注册商标罪一案的起诉。

思路

判定商标侵权应当以成立商标性使用为前提。商标是在生产经营活动中使用的用于识别商品或服务来源的标志。商标性使用作为商标概念的理性延伸，应紧密围绕商标的本质内涵展开。所谓商标性使用，指的是将商业标识用于商业活动中，并对相关公众起到区分商品或服务来源的作用。由此可见，商标性使用必须满足以下三个条件：(1)必须将商业标识用于商业活动中；(2)使用的目的是说明商品或服务来源；(3)通过使用能够使相关公众区分商品或服务来源。缺少以上的条件，则难以认定行为人对商业标识的使用构成商标性使用。商标权是对于商标及其所代表的商誉所享有的权利，商标所承载的商誉，系通过对商标的使用而获得，这也是从没有使用过的商标很难称为财产权意义上的商标权的原因，商标权的保护范围以及商标侵权认定标准，都是由商标所承载的商誉决定的。市场上的经营者使用与他人商标相同或近似的文字或图形，只要没有构成商标意义上的使用，没有盗用该商标所体现的商誉，或者没有造成消费者混淆的可能性，就不会侵犯他人的商标权。

商标性使用必须满足以下三个条件：(1)必须将商业标识用于商业活动中；(2)使用的目的是说明商品或服务来源；(3)通过使用能够使相关公众区分商品或服务来源。缺少以上的条件，则难以认定行为人对商业标识的使用构成商标性使用。

商标权的保护范围以及商标侵权认定标准，都是由商标所承载的商誉决定的。市场上的经营者使用与他人商标相同或近似的文字或图形，只要没有构成商标意义上的使用，没有盗用该商标所体现的商誉，或者没有造成消费者混淆的可能性，就不会侵犯他人的商标权。

案例 22 非法制造、销售非法制造的注册商标标识罪的认定

——查某等非法制造注册商标标识罪案

本案要旨

商标性使用是商标侵权认定的基础。判断一种行为是否属于商标性使用,应结合案件的具体情况,综合考虑被使用商标的独创性程度、被使用商标的知名度、被诉侵权人使用商标标识的方式和主观故意,在此基础上判定被诉侵权人的行为是否属于商标性使用。

案情介绍

自 2012 年 4 月起,被告人查某在深圳市福田区远望数码城以“科盈通讯”名义对外销售他人非法制造的带有“SAMSUNG”“Samsung”注册商标标识的手机包装盒、说明书等商品,并租用深圳市福田区 A 大厦作为存放假冒三星包装盒、说明书等商品的仓库。

2013 年 6 月被告人周某接到被告人查某要求定制 12,000 个三星手机包装盒的电话后,来到位于深圳市宝安区 L 街道的善达公司内,向被告人戴某出具了三星手机包装盒样品,经被告人厂长阳某、被告人法定代表人杨某同意后,被告人戴某承接了该单业务。被告人周某在事先征得彩运来公司法定代表人被告人欧阳某同意的情况下,将印好的包装盒半成品运至彩运来公司进行后续加工,共裁切出包装盒 12,000 个。

2013 年 7 月被告人周某再次接到被告人查某订制 22,000 个三星手机包装盒的电话。被告人周某再次来到善达公司找到被告人戴某,委托善达公司印刷三星手机包装盒,完成后印刷好的纸张上排列的共 23,800 个包装

盒上均带有“SAMSUNG”“Samsung”注册商标标识。

被告人陈某于2013年2月挂靠善达公司，担任业务经理，此后被告人陈某接受香港谊诚国际公司的委托，由善达公司印刷了带有“iPhone©”标识的手机屏保护膜包装盒800个、带有“samsung©”标识的手机保护膜包装盒9500个。

2013年7月10日深圳市公安局福强派出所在深圳市福田区某数码城抓获被告人查某，并在深圳市福田区A大厦内查获被告人查某存放的、用于销售的带有“SAMSUNG”“Samsung”注册商标标识的手机包装盒146,614个、带有“SAMSUNG”“Samsung”注册商标标识的说明书46,540本。

同日，深圳市公安局福强派出所民警在彩运来公司抓获被告人欧阳某，并当场查获被告人周某交予该司进行后续加工的带有“SAMSUNG”“Samsung”注册商标标识的手机包装盒12,000个；后民警在深圳市宝安区某工业区某栋1楼抓获被告人周某。在被告人周某的带领下，民警在善达公司内抓获被告人杨某、阳某、戴某、陈某，在该公司2楼查获被告人周某于7月8日委托其司印刷的铜版纸2200张、单粉纸2200张、单粉纸3200张及与上述印刷品手机包装盒相对应的印刷模板11块，并在三楼查获由被告人陈某承接业务印刷的带有“iPhone©”标识的手机保护膜包装盒800个、带有“samsung©”标识的手机保护膜包装盒9500个。

争议焦点

被告人查某对涉案35,800个包装盒是否与被告人周某存在非法制造注册商标标识的故意。

法院观点

被告人查某及辩护人当庭辩称被告人查某向周某提供手机包装盒样品的行为是凭样品买卖的行为。经查，被告人周某多次供称其对外承接的是印刷业务，被告人查某亦曾供称通过周某帮其印刷三星手机包装盒，两被告人的供述吻合。被告人查某向被告人周某提供包装盒样品、约定了包装盒的数量、规格型号等内容，被告人查某与被告人周某之间形成的是一种委托印制包装盒的加工承揽合同关系，而非凭样品的买卖合同关系。被告人查某及被告人周某均在未取得相关权利人同意的情况下，印制涉案带有“SAMSUNG”“Samsung”注册商标标识的手机包装盒共计35,800个，两被告人之间具有非法制造注册商标标识的共同故意，应共同承担相应的刑事责任。

裁判结果

深圳市福田区人民法院依照《中华人民共和国刑法》第215条，第25条第1款，第72条，第73条第2款、第3款，第52条，第53条，第64条之规定，判决被告人查某犯非法制造、销售非法制造的注册商标标识罪，判处有期徒刑3年，缓刑4年，并处罚金人民币80,000元；被告人周某犯非法制造注册商标标识罪，判处有期徒刑2年，缓刑3年，并处罚金人民币30,000元；被告人杨某犯非法制造注册商标标识罪，判处有期徒刑1年6个月，缓刑2年，并处罚金人民币10,000元；被告人阳某犯非法制造注册商标标识罪，判处有期徒刑1年，缓刑2年，并处罚金人民币5000元；被告人戴某犯非法制造注册商标标识罪，判处有期徒刑1年，缓刑2年，并处罚金人民币5000元；被告人欧阳某犯非法制造注册商标标识罪，判处有期徒刑1年，缓刑2年，并处罚金人民币5000元；被告人陈某犯非法制造注册商标标识罪，判处有期徒刑1年，缓刑2年，并处罚金人民币5000元；扣押在案的假冒包装盒等物品，并由公安机关依法处理。

思路

依据《中华人民共和国刑法》第215条之规定，非法制造注册商标标识罪是指伪造、擅自制造他人注册商标标识、情节严重的行为。该罪的犯罪对象是他人注册商标标识，包括商品商标标识和服务商标标识。而对于“情节严重”的认定，根据最高人民检察院和公安部联合发布的《关于经济犯罪案件追诉标准的规定》第 63 条规定的立案标准，对于具有下列情形之一的，可以认定为“情节严重”：非法制造、销售非法制造的注册商标标识，数量在 2 万件以上，或者违法所得数额在 2 万元以上，或者非法经营数额在 20 万元以上的；非法制造、销售非法制造的驰名商标标识，等等。需要指出的是，非法制造、销售非法制造的注册商标标识罪是一个选择性的罪名。其中，既可能是伪造、擅自制造他人注册商标标识，也可能是将伪造、擅自制造注册商标标识进行销售，还可能是同时实施了两个行为。具体到个案中，应当根据犯罪过程、表现形式、行为与结果之间的因果关系进行认定。结合本案，查某向周某发出订单，印制假冒的注册商标，然后再将该非法制造的注册商标对外销售，其分别实施了制造和销售两个行为，应认定为非法制造、销售非法制造注册商标标识罪。而被告人周某虽然亦是将其印刷的假冒注册商标标识以销售的方式交付查某，但因查某采取的是订货制造的方式，即周某是根据查某的需要来伪造注册商标标识的，其非法制作的注册商标标识不需要再通过“销售”的渠道，另行寻找“买家”。换言之，周某是通过其伪造商标的行为获利，周某向查某交付非法制造的注册商标的行为，只是完成非法制造的一个环节，而并非单独的“销售”行为，该行为是“伪造”在犯罪行为上的延续，二者并非独立存在，故对周某和其他被告人只能认定为他们实施了一个犯罪行为，对其定罪只能是非法制造注册商标标识罪。

非法制造、销售非法制造的注明商标标识罪是一个选择性罪名，具体到个案，应根据犯罪过程、表现形式、行为与结果之间的因果关系进行认定。

案例 23　侵害商业秘密罪案件中被告人犯罪数额的计算标准

——万某、姜某侵犯著作权罪案

本案要旨

侵犯著作权罪分一般的侵犯著作权的违法行为有着明确界限。违法所得数额较大或者具有其他严重情节是区分著作权罪与一般违法行为的主要标准。

案情介绍

深圳市天方达科技发展有限公司(以下简称天方达公司)是“卫检之星—体检及预防接种管理系统 V5.0”(以下简称“卫检之星系统”)软件的著作权人,登记日期为 2009 年 2 月 16 日。被告人万某于 2008 年 3 月入职天方达公司,任职软件工程师,参与了天方达公司“卫检之星系统”软件的开发。被告人姜某于 2008 年 9 月入职天方达公司,任销售代表,2009 年 4 月起兼任软件源代码管理员。2009 年 8 月被告人万某、姜某未经天方达公司许可,复制“卫检之星系统”软件源代码,稍作修改后形成“出入境体检及预防接种业务管理系统”(以下简称“出入境业务管理系统”)V1.0 软件,并于 2009 年 9 月 22 日取得著作权登记(登记著作权人为万某)。2009 年 9 月,被告人万某与姜某联系中介全额垫资人民币 100 万元成立深圳市易胜天科技有限公司(以下简称易胜天公司)。2009 年 9 月 8 日在发起人无实际出资的情况下,易胜天公司在工商部门注册成立,登记注册资本为人民币 100 万元,万某、姜某各出资人民币 50 万元。2011 年 9 月 10 日上述用于注册的人民币 100 万元即从易胜天公司账户转走。

2009年9月至11月被告人万某、姜某先后从天方达公司离职。在此期间,二人以易胜天公司名义在网上投标云南出入境检验检疫局电子政务平台建设(一期)采购项目,与云南出入境检验检疫局签订《中央国家机关政府采购网上竞价合同》,将修改后的“出入境业务管理系统”软件及配套产品以人民币276,800元的价格销售给云南出入境检验检疫局。2009年11月被告人万某对前述软件实施了安装。经广东省专利信息中心知识产权司法鉴定所鉴定,易胜天公司的涉案程序与天方达公司的“卫检之星”程序实质相似。

争议焦点

二被告人是否构成侵犯著作权罪。

法院观点

侵犯著作权罪在主观方面表现为故意,并且具有营利目的。在客观方面表现为侵犯他人著作权,违法所得数额较大或者有其他严重情节。因此认定侵犯著作权罪,主要从以下几点进行判断:(1)行为人主观方面是否“以营利为目的”;(2)违法所得数额较大或者具有其他严重情节是区分侵犯著作权罪与一般违法行为的主要标准。本案中,二被告人未经天方达公司许可,复制“卫检之星系统”软件源代码,稍作修改后形成“出入境业务管理系统”,并以招投标的方式将该软件系统出售牟利。关于犯罪数额的认定,经查,根据易胜天公司与云南出入境检验检疫局签订的《中央国家机关政府采购网上竞价合同》约定合同总价款27.68万元人民币,该总价款包含软件和硬件价款,其中,明确约定“出入境业务管理系统”为人民币18万元,证人母某某亦证称“出入境业务管理系统”的采购价为人民币18万元,因此两被告人侵犯著作权的非法经营数额应认定为人民币18万元。根据相关司法解释,违法所得数额

认定侵犯著作权罪,主要从以下几点进行判断:(1)行为人主观方面是否“以营利为目的”;(2)违法所得数额较大或者具有其他严重情节是区分侵犯著作权罪与一般违法行为的主要标准。

在人民币3万元以上即为“违法数额较大”,显然二被告人的违法所得数额已经达到侵犯著作权罪的构罪标准。因此,二被告人主客观均符合本罪的犯罪构成要件,认定其构成侵犯著作权罪毫无疑义。

裁判结果

深圳市福田区人民法院依照《中华人民共和国刑法》第217条、第158条第1款、第25条第1款、第67条第1款、第69条、第52条、第53条之规定,判决:被告人万某犯侵犯著作权罪,判处有期徒刑1年3个月,并处罚金人民币90,000元;犯虚报注册资本罪,判处有期徒刑6个月,并处罚金人民币10,000元;合并执行有期徒刑1年6个月,并处罚金人民币100,000元。被告人姜某犯侵犯著作权罪,判处有期徒刑1年3个月,并处罚金人民币90,000元;犯虚报注册资本罪,并处有期徒刑6个月,并处罚金人民币10,000元;合并执行有期徒刑1年6个月,并处罚金人民币100,000元。

宣判后,二被告人未提出上诉,判决已生效。

思路

侵犯著作权罪与一般的侵犯著作权的违法行为有着明确界限。首先,在《中华人民共和国著作权法》第46条、第47条规定的若干种侵犯著作权的行为方式中,《中华人民共和国刑法》第217条仅将其中四种行为明确规定为犯罪行为,即(1)未经著作权人许可,复制发行其文字作品、音乐、电影、电视、录像作品、计算机软件及其他作品的;(2)出版他人享有专有出版权的图书的;(3)未经录音录像制作者许可,复制发行其制作的录音录像的;(4)制作、出售假冒他人署名的美术作品的。对于其他刑法没有列入犯罪种类的

我国刑法只将著作权法规定的若干种侵犯著作权的行为方式中的4种列为犯罪行为。其他未列入的犯罪行为,不属于刑法调整范围,即使存在违法行为,亦不构成犯罪。

行为,不属于刑法调整的范围,因而即使存在违法行为,亦不构成犯罪。其次,违法所得数额较大或者具有其他严重情节是区分著作权罪与一般违法行为的主要标准。需要指出的是,“违法所得数额较大”和“有其他严重情节”是选择性要件,只要符合其中之一即可构成本罪。根据最高人民法院所作的司法解释,“违法数额较大”是指个人所得数额在2万元以上,单位违法所得数额在10万元以上。“其他严重情节”是指:(1)因侵犯著作权层两次以上被追究行政责任或民事责任,又侵犯著作权的;(2)个人非法经营数额在10万元以上,单位非法经营数额在人民币50万元以上的;(3)造成其他严重后果或者具有其他严重情节的。

结合本案,被告人万某、姜某盗取权利人享有著作权的计算机源代码利并用该计算机软件源代码对进行非实质性的小部分修改后取名为“出入境业务管理系统”,同时利用共同投资成立的易胜天公司,将该出入境业务管理系统软件销售给云南出入境检验检疫局牟利,非法经营数额已经达到了量刑标准,无疑两被告人的行为均已构成侵犯著作权罪。

案例 24 非法获取的商业秘密尚未被披露时重大损失的认定

——张某侵犯商业秘密罪案

本案要旨

如被告人明知或应知商业秘密是通过不正当手段获取，但仍获取、使用并披露，给权利人造成重大损失，仍构成侵犯商业秘密罪。

在无证据证明商业秘密是被告人直接以盗窃、利诱、胁迫等不正当手段获取的情况下，如被告人明知或应知商业秘密是通过不正当手段获取，但仍获取、使用并披露，给权利人造成重大损失，仍构成侵犯商业秘密罪。

可以从商业秘密的市场价值来计算权利人损失。

"重大损失"的计算应考虑多层次、多因素，不同性质的侵犯商业秘密行为的损失计算方法应不同。本案被告人系商业秘密非法持有者，如其非法使用、披露商业秘密的行为完成后，会对权利人造成商业秘密的市场价值完全丧失的损失，此时可以以商业秘密的市场价值来计算权利人的损失。否则，不利于及时制止这类商业秘密自身价值很大、侵权后果很严重但给权利人造成实际损失尚不确定的行为。但是，商业秘密尚未实际售出可在量刑时作为从轻处罚的重要考量情节。

案情介绍

被告人张某曾是富士康集团的员工。2012 年 5 月、6 月，被告人张某离职后向王某介绍说有新一代 IPHONE 手机产品的设计图纸出售。王某的朋友李某得知后让王某获取其中一两张图纸确认。被告人张某让王某直接登录其 QQ 邮箱下载其中一张圆形菜单按钮设计图纸。王某下载后以邮件方式向李某发送了该图纸。

2012年7月21日李某、王某约被告人张某在一家咖啡厅见面，张某在其手提电脑上向李某、王某展示了新一代IPHONE手机产品设计图纸的2D和3D文档。

2012年8月9日被告人张某与李某、王某见面，准备出售新一代IPHONE手机产品的设计图纸资料时，被当场抓获并从被告人张某身上查获U盘两个。经鉴定，U盘中的设计图纸资料与被害单位提供的APPLE公司新一代IPHONE手机产品设计图纸资料内容具有同一性，该设计图纸具有非公知性。经评估，上述设计图纸的市场价值(开发成本+开发利润)为人民币240万元。

争议焦点

被告人张某是否构成侵犯商业秘密罪。

法院观点

被告人张某知涉案新一代IPHONE手机产品设计图纸为商业秘密，而且也应当知道该商业秘密是通过不正当手段获取，但仍获取、使用并披露，属于侵犯商业秘密的行为。经评估，涉案商业秘密的市场价值为240万元，该数额可以视为被告人从正常市场渠道获取该技术的价格，也就是被告人侵犯商业秘密行为给权利人造成损失的估算。据此，被告人的行为构成侵犯商业秘密罪，公诉机关指控的该罪名成立。

裁判结果

深圳市福田区人民法院判决被告人张某犯侵犯商业秘密罪，判处有期徒刑1年4个月，并处罚金人民币20,000元。一审判决后，被告人张广华未上诉。

思路

侵犯商业秘密罪属于新型犯罪，往往存在定性难、取证难、公检法认识不一致等问题，特别是对“重大损失”的理解和认定争议很大，从而导致对侵犯商业秘密罪定罪率较低。本案系福田区法院三审合一以来审理的首宗侵犯商业秘密罪案件，对此罪的适用具有示范作用。

构成侵犯商业秘密罪必须符合以下三个要件：

构成侵犯商业秘密罪须符合三个要件：1. 涉案信息属于商业秘密。2. 被告人实施了侵犯商业秘密的行为。3. 被告人的行为给权利人造成了重大损失。

首先，涉案信息属于商业秘密。所谓商业秘密，是指不为公众所知悉，能为权利人带来经济利益，具有实用性并经权利人采取保密措施的技术信息和经营信息。涉案的新一代 IPHONE 手机产品设计图纸属于技术信息，具有非公知性，并具有重要的商业价值，能给相关权利人带来经济利益，权利人对其亦采取了相应的保密措施，因此，涉案手机设计图纸具有秘密性、价值性、实用性、保密性，符合我国刑法规定的商业秘密的构成要件。

其次，被告人实施了侵犯商业秘密的行为。根据《中华人民共和国刑法》第 219 条第 2 款规定，明知或应知商业秘密是通过不正当手段获取，但仍获取、使用并披露，给权利人造成重大损失的，以侵犯商业秘密论。本案中，被告人张某知涉案新一代 IPHONE 手机产品设计图纸为商业秘密，而且也应当知道该商业秘密是通过不正当手段获取的，但仍获取、使用并披露，属于侵犯商业秘密的行为。

最后，被告人的行为给权利人造成了重大损失。根据《最高人民法院、最高人民检察院关于办理侵犯知识产权刑事案件具体应用法律若干问题的解释》第 7 条的规定，给商业秘密的权利人造成损失数额在 50 万元以上的，属于“给商业秘密的权利人造成重大损失”，应当以侵犯商业秘密罪判处 3 年以下有期徒刑或者拘役，并处或者单处罚金。给商业秘密的权利人造成损失数额在 250 万元以上的，属于《中华人民共和国刑法》第 219 条规定的“造成特别严重后果”，应当以侵犯商业秘密罪判处 3 年以上 7 年以下有期徒刑，并处罚金。经评估，涉案商业秘密的市场价值为 240 万元，该数额可以视为被告人从正常市场渠道获取该技术信息的价格,也就是被告人侵犯商业秘密行为给权利人造成的损失。

据此,被告人的行为构成侵犯商业秘密罪。鉴于无证据证实被告人张某持有的涉案商业秘密已被其实际售出,法院在量刑时予以酌情从轻处罚。

案例 25 侵害商业秘密罪案件中被告人犯罪数额的计算标准

——王某侵害商业秘密罪案

本案要旨

侵犯商业秘密,不仅直接给权利人现实利益带来缩减,也会使权利人预期合理利益丧失。

案情介绍

2008 年 5 月至 2011 年 7 月,被告人王某任职于众鸿公司,先后担任该公司“车载综合智能信息系统软件”系统控制部分(以下简称 MCU)部门软件工程师、软件研发负责人、部门副经理等职务。在上述期间,被告人王某明知众鸿公司开发的车载综合智能信息系统 MCU 源代码、DVD 解码处理器源代码等内容为众鸿公司所有的商业秘密,仍通过拷贝等非法手段秘密窃取,并带离众鸿公司。

2011 年 8 月被告人王某入职崔某(另案处理)经营的深圳市耀矽电子软件技术有限公司(以下简称耀矽公司)。随后,被告人王某使用从众鸿公司非法获取的 MCU 源代码为耀矽公司拷录 MCU 芯片,然后由崔某苟负责在市场上销售。截至 2012 年年底被告人王某从耀矽公司离职时,耀矽公司销售上述 MCU 芯片取得销售收入共计人民币 653,550 元。2012 年 12 月被告人王某从耀矽公司离职后,成立了深圳明科科技有限公司(未进行工商登记,以下简称明科公司)。2013 年被告人王某使用从众鸿公司非法获取的 MCU 源代码烧录 MCU 芯片并销售给深圳市途乐电子有限公司(以下简称途乐公司)、深圳市影航科技有限公司等企业。经查,被告人王某共向途乐公司销售 MCU 芯片、GPS 导航板等产品金额共计人民币 1,036,500元。

争议焦点

犯罪数额即损失数额的确定。

法院观点

2007 年《最高人民法院关于审理不正当竞争民事案件应用法律若干问题的解释》第 17 条规定,"确定反不正当竞争法第十条规定的侵犯商业秘密行为的损害赔偿额,可以参照确定侵犯专利权的损害赔偿额的方法进行",2001 年《最高人民法院关于审理专利纠纷案件适用法律问题的若干规定》中确定了侵犯专利权的损害赔偿的计算方法,主要是将销售的利润或者许可使用费用作为计算依据。结合本案案情,公诉机关指控被告人先后两次使用其窃取的商业秘密,但对于被告人从众鸿公司非法获取的 MCU 源代码为耀矽公司烧录 MCU 芯片的事实,虽然被告人王某和证人崔某荀均予以确认,但除上述供述与证言外并无关于实际烧录的 MCU 芯片源代码与众鸿公司源代码同一性的比对鉴定意见或其他证据予以佐证,且无充足证据证明采用非法获取的 MCU 源代码烧录芯片的具体数量,根据疑点利益归于被告的原则,对于公诉机关关于这部分犯罪行为的指控不予支持。本案中,虽然深圳市中衡信资产评估有限公司对 MCU 的价值进行了评估,但涉案商业秘密 MCU 源代码仅是该系统软件的一部分,该系统软件整体的评估值并不能等同于 MCU 源代码的价值。且上述评估是对该软件系统的研发成本进行的评估,商业秘密自身价值也不等于给权利人造成的损失,侵权人对商业秘密的使用并不排斥权利人的使用,权利人并不必然失去商业秘密的自身价值,故 MCU 的整体价值不能直接认定为本案众鸿公司的经济损失。被告人王某非法获取涉案商业秘

疑点利益归于被告原则。

商业秘密自身价值也不等于给权利人造成的损失,侵权人对商业秘密的使用并不排斥权利人的使用,权利人并不必然失去商业秘密的自身价值。

密后，生产与被害单位众鸿公司相同的MCU产品并低价向市场销售，这种行为将导致被害单位相应市场份额的削减。因此，侵权产品的数量不仅能够反映侵权的客观事实，而且能反映被害单位被侵权后遭受的直接损失。故被害单位的经济损失应按照被告人王某生产、销售侵权MCU芯片的数量乘以众鸿公司2012年、2013年的平均单位销售利润来计算。

裁判结果

深圳市福田区人民法院依照《中华人民共和国刑法》第219条第1款第3项、第3款、第4款，第68条，第52条，第53条，第64条之规定，判决：第一，被告人王某犯侵犯商业秘密罪，判处有期徒刑1年3个月，并处罚金人民币200,000元。第二，扣押在案的作案工具被告人王某的组装台式电脑一部，笔记本电脑两部依法予以没收，上缴国库。

宣判后，被告人未提出上诉，该判决已生效。

思路

由于商业秘密是一种能够创造经济利益的技术信息和经营信息，是无形资产，侵犯商业秘密，不仅直接表现为权利人现实利益的缩减，也可能表现为预期合理利益丧失，单独从被害人一方计算损失，通常会遇到难以计算的困难。从民事司法解释所涉及的侵犯商业秘密的赔偿数额计算方式来看，计算损失应包括直接损失和间接损失。由于司法解释及相应的司法文件没有涉及侵犯商业秘密罪的损失如何认定的问题，实践中对于犯罪数额的认定存在不同看法。一种观点认为不仅包括直接经济损失，也包括间接经济损失。主要的理由是刑法没有明文规定为直接经济损失，公安部与最高人民检察院在2001年公布的追诉标准虽然明确规定为

计算损失应包括直接损失和间接损失。一般只认定直接经济损失。对间接损失可以单独提起民事诉讼以解决。

直接经济损失，但2004年《最高人民法院、最高人民检察院关于办理侵犯知识产权刑事案件具体应用法律若干问题的解释》又未采取这一表达方式，逻辑上不能排除间接经济损失。但是间接损失并不必然产生，或者与被告人行为不一定存在必然因果关系，根据犯罪行为与犯罪结果之间的传统因果关系理论，一般只能认定直接经济损失。而对于因侵犯商业秘密行为导致的包括间接损失在内的损失不能通过刑事判决予以追缴或退赔的，根据最高人民法院关于刑事附带民事诉讼范围的规定，虽然不能直接提起刑事附带民事诉讼，但可以单独提起民事诉讼加以解决。

五、知识产权行政案件

案例 26 商标具有明显差异应作出不认定为侵权的告知书

——陈某诉深圳市市场监督管理局福田分局作出的商标权行政处理案

本案要旨

工商行政管理部门依据商标权人或者利害关系人的申请，处理商标侵权投诉时，应该保证其行政程序的合法性和侵权事实认定的准确性，依法正确作出商标侵权处理决定。

案情介绍

"公仔 EQ + 芝蔴"注册商标原为中国台湾台北芝麻婚姻广场所有，2008 年 5 月 21 日该商标经核准转让给原告。2004 年 6 月 1 日原告与商标的所有权人与第三人的控股股东周某等人签署《芝麻开门 · 阿里巴巴商标许可使用合同》，共同经营"台湾芝麻开门 · 阿里巴巴"专业儿童摄影，有效期至 2008 年 9 月 13 日。合同到期后，第三人未经原告许可，擅自在其经营场所、营业标志及宣传材料使用"芝麻开门 + 专业儿童摄影 + 公仔"标识。2010 年 10 月 18 日原告向被告投诉第三人侵犯商标专用权，被告于 2013 年 4 月 17 日做出深市监福处告自(2013)知产 002 号文认定第三人的行为不构成商标侵权。原告不服向法院提起行政诉讼，请求撤销深市监福处告自(2013)知产 002 号《行政处理结果告知书》。

争议焦点

1. 原告起诉是否属于行政诉讼受案范围；

2. 被告认定第三人使用被控侵权商标不构成侵权的具体行政行为是否合法。

法院观点

一、原告起诉是否属于行政诉讼受案范围

原告是第1207826号"公仔 EQ + 芝麻"注册商标的专有权人,其注册商标专用权应当受到法律保护。根据《中华人民共和国商标法》规定,工商行政管理部门有权依法查处侵犯注册商标专用权的行为。原告在诉讼请求中要求撤销被告深市监福处告自(2013)知产002号《行政处理结果告知书》,原告实质上是对被告认定第三人使用被控侵权商标与原告注册商标不构成近似,侵权事实不成立的具体行政行为不服。根据《最高人民法院关于执行〈中华人民共和国行政诉讼法〉若干问题的解释》第12条的规定,与具体行政行为有法律上利害关系的公民、法人或者其他组织对该行为不服的,可以依法提起行政诉讼。因此,原告对上述行政处理结果不服,有权提起行政诉讼。被告认为原告起诉不属于行政诉讼范围,缺乏法律依据,法院不予采纳。

二、被告认定第三人使用被控侵权商标不构成侵权的具体行政行为是否合法

原告向被告投诉第三人在其网站上、宣传资料上多次使用"芝麻儿童摄影""芝麻开门""公仔 EQ"对原告注册商标构成侵权。根据原告向被告提交的公证书显示,深圳市天长地久婚纱摄影有限公司在其网站上对第三人业务进行宣传时使用"芝麻开门""公仔";根据被告向第三人收集的宣传资料及名片显示,向第三人进行业务宣传时使用"芝麻开门"。《中华人民共和国商标法》第57条规定,未经商标注册人的许可,在同一种商品或者类似商品上使用与其注册商标相同或者近似的商标行为,属侵犯商标专用权。第三人使用"芝麻开门""公仔"宣传其摄影业务,与原告主张保护的涉案商标核定使用服务类别相同。在此前提下,只有当被控侵权标识与原告主张保护的注册商标相同或者近似,第三人实施的被控侵权行为方能被认定为商

标侵权行为。被告经审查认为原告持有的注册商标是以“公仔”图形和“芝蔴”汉字构成一个完整商标，虽然被指控侵权商标包含“芝麻”文字，但“麻”和“蔴”字形不同，且“芝蔴”只是一种植物名称，而“芝麻开门”指向童话典故，两者读音、含义、组成以及指向均具有明显差异，不易在相关公众中造成混淆；被控侵权商标是将“公仔”图形和“芝麻开门”文字分开使用，与投诉人持有商标图形与文字整体使用明显不同；无论从整体比对，还是从要部比对，两者既不相同也不近似，不会导致相关消费者或相关公众产生混淆，不构成近似侵权。被告作出原告持有注册商标与第三人被控侵权商标不构成近似侵权的判定，符合我国商标法及《最高人民法院关于审理商标民事纠纷案件适用法律若干问题的解释》规定的商标近似判定原则。

《工商行政管理机关行政处罚程序规定》第45条规定：“案件调查终结，或者办案机构认为应当终止调查的，按照下列方式处理：（一）认为违法事实成立，应当予以行政处罚的，写出调查终结报告，草拟行政处罚建议书，连同案卷交由核审机构核审。调查终结报告应当包括当事人的基本情况、违法事实、相关证据及其证明事项、案件性质、自由裁量理由、处罚依据、处罚建议等。（二）认为违法事实不成立，应当予以销案的；或者违法行为轻微，没有造成危害后果，不予行政处罚的；或者案件不属于本机关管辖应当移交其他行政机关管辖的；或者涉嫌犯罪，应当移送司法机关的，写出调查终结报告，说明拟作处理的理由，报工商行政管理机关负责人批准后根据不同情况分别处理。”

本案中，被告在收到原告的投诉举报后，立案后进行了相关的调查取证，认定原告投诉的侵权事实不成立，对原告的投诉举报作出销案处理，符合《工商行政管理机关行政处罚程序规定》第45条的规定，法院依法予以支持。

裁判结果

深圳市福田区人民法院依照《最高人民法院关于执行〈中华人民共和国行政诉讼法〉若干问题的解释》第56条第4项之规定，判决：驳回原告陈天浩的全部诉讼请求。原告不服一审判决，提起上诉，深圳市中级人民法院查明的事实和一审无异，并认为上诉人投诉时提交的（2010）沪东证字第17531号公证书附件第97页显示，点击友情链接后出现窗口，该窗口页面出现"公仔＋芝麻"字样，但从该窗口地址栏显示的"http//www.osps.cn"网址可知，该页面并非www.openel.com网址的内容，与原审第三人并无关联，该网页内容不会影响本案商标侵权的认定。被上诉人的处理并无不当，二审判决驳回上诉，维持原判。

思路

首先，涉案《行政处理结果告知书》告知原告被告针对其投诉所作出的处理，即认定第三人侵权事实不成立。字面上仅是结果告知，但该告知书是被告具体行政行为的唯一载体，且被告对投诉作出了实际处理，对原告的权利义务产生了影响，属于行政诉讼的受案范围。

在认定商标侵权行为是否成立时，应当根据商标法及实施条例的规定，参照最高人民法院有关商标侵权认定司法解释的规定，并结合在行政调查中查获的证据加以认定。

其次，工商行政管理部门依据商标权人或者利害关系人的申请，在处理商标侵权投诉时，应该保证其行政程序的合法性和侵权事实认定的准确性。在认定商标侵权行为是否成立时，应当根据商标法及实施条例的规定，参照最高人民法院有关商标侵权认定司法解释的规定，并结合在行政调查中查获的证据加以认定。同时，工商行政管理部门对商标权人或者利害关系人提交的材料，不仅应被作为侵权调查的线索使用，对符合证据要求的材料，也应作为证据在侵权认定中加以采用。

下篇　知识产权审判专题研究

三网融合背景下著作权司法审判问题研究

一、三网融合背景下著作权司法审判问题的调研背景

“三网融合”又称“三网合一”,是指电信网、广播电视网、计算机互联网技术功能趋于一致,业务范围趋于相同,最终实现网络互联互通、各种资源共享的新型信息传播技术。三网融合作为当代信息技术发展的最新成果,它使原先独立设计的传统电信网、广播电视网和互联网业务相互渗透和融合,形成优势互补,目前正紧锣密鼓地向前推进,已成为我国信息传播领域和社会经济发展的大趋势。2010 年 1 月 13 日时任国务院总理温家宝主持召开国务院常务会议,正式通过加快电信网、广播电视网、互联网三网融合的决定。著作权司法实践与科技发展密切相关,在数字技术革命推动下,电信网、广播电视网、计算机互联网的相关技术和业务相互渗透融合,使同样的应用和内容可通过不同的网络和不同终端加以实现和传输,这给我国经济、技术的发展提供了助力,也给我国目前的法律制度也带来了一定挑战。随着三网融合的进一步推广,要求知识产权法特别是著作权法对三网融合而产生的利益关系给予足够的关注和规范,从而保持网络环境下各方利益的平衡。随着相关政策的不断推进,三网融合背景下著作权司法审判领域的新型疑难问题不断涌现。

在理论研究方面,我国知识产权学者关于网络环境下的知识产权保护

研究还处于起步阶段,对三网融合背景下的著作权保护研究更是少之又少,即便有也主要集中在一些学术论文在"点"意义上的研究。这主要是因为国内外这方面的案例比较少。司法实践经验素材的缺失是导致该类问题难以深入研究的根本原因。在我国知识产权司法实务界,对三网融合背景下著作权保护的调研报告尚属空白。由于我国著作权立法局限,从审判实务视角来研究三网融合背景下著作权纠纷的热点和难点问题,分析该类纠纷的现状、产生原因及其法律规制问题,无疑具有较高的理论价值和现实意义,对妥当裁判该类案件亦显得尤为迫切。

在三网融合背景下,信息传播主体、内容和方式都已发生重大变化,涉及三网融合的著作权纠纷呈现出案件疑难复杂、审理难度大、关注度高、社会影响大等特点。目前,涉及三网融合的著作权纠纷案件以侵权类型为主,主要出现在网络著作权保护最前沿的北京市、上海市、深圳市等地区。深圳市福田区作为深圳市中心城区,三网融合背景下的著作权纠纷呈多发态势,给审判工作带来了极大挑战。自2008年1月1日获得知识产权民事纠纷案件管辖权起,深圳市福田区人民法院经过5年多时间的探索和积累,知识产权审判工作已初显成效,所审结的三网融合背景下的手机上网服务侵犯著作权案件在国内有着较大影响。截至2013年6月30日,深圳市福田区法院共受理涉及三网融合技术的著作权侵权案件33宗,已审结26宗,尚有7宗正在审理过程中。从国内法院审理涉及三网融合技术的案件情况来看,其纠纷类型主要包括互联网电视机引起的著作权侵权纠纷、高清播放器引起的著作权侵权纠纷、手机上网服务引起的著作权侵权纠纷,等等。上述著作权侵权纠纷争议焦点在于三网融合设备制造商、网络内容提供商、网络服务提供商以及设备销售商的侵权责任认定问题。尤其对网络服务提供商所提供的网络服务性质如何认定、网络服务提供商是否应当承担侵权责任、网络服务提供商直接侵权或间接侵权责任如何认定的问题,不同法院判决呈现不同的裁判观点,引起了知识产权理论界与司法实务界的极大关注。

二、三网融合设备制造商、网络内容提供商、网络服务提供商以及设备销售商的侵权责任认定的司法实践

(一)“互联网电视机案”:三网融合设备制造商、网络服务提供商、设备销售商的侵权责任

该案中,原告北京优朋普乐科技有限公司取得了电影《薰衣草》在中国大陆的独占信息网络传播权。原告通过公证方式,从被告国美电器有限公司(以下简称国美公司)购买了被告TCL集团股份有限公司(以下简称TCL公司)生产的互联网电视机一台,并对该电视机链接网线下载收看影视剧的过程进行了公证。TCL公司与深圳市迅雷网络技术有限公司(以下简称迅雷公司)签订技术许可协议,约定由迅雷公司负责提供影音资讯库给TCL公司技术中心,并有责任及时更新其提供的影音资讯库资料。原告认为,各被告均侵犯其信息网络传播权,要求各被告停止侵权、连带赔偿损失,并由TCL公司、迅雷公司赔礼道歉。北京市第二中级人民法院认为,原告对电影《薰衣草》享有独占信息网络传播权,迅雷公司通过TCL公司生产的互联网电视机向用户提供了电影《薰衣草》的搜索服务,TCL公司和迅雷公司对搜索结果进行了编辑、整理,有合理理由知道所链接的作品侵权,仍然帮助被链接者实施侵犯原告信息网络传播权的行为,应承担共同侵权责任。虽然涉案《薰衣草》种子资源来自迅雷公司网站,但原告并未举证证明《薰衣草》来源于迅雷公司服务器,对于原告主张迅雷公司承担直接侵权责任,法院不予支持。国美公司销售的互联网电视机具有合法来源,并无过错,不应承担赔偿责任,但应停止销售可下载观看《薰衣草》的涉案互联网电视机。判令TCL公司、迅雷公司停止通过涉案带有迅雷公司互联网功能模块的互联网电视机提供涉案电影作品《薰衣草》下载观看服务的行为,国美公司停止销售涉案带有迅雷公司互联网功能模块可下载观看电影作品《薰衣草》的互联网电视机,TCL公司、迅雷公司赔偿原告经济损失及合理费用人民币2.15万

元,驳回原告的其他诉讼请求。①

TCL 公司和迅雷公司不服判决,提起上诉,北京市高级人民法院二审驳回其上诉,维持原判。

(二)"精伦播放器案":三网融合设备制造商、网络内容提供商、网络服务提供商、设备销售商的侵权责任

该案中,原告乐视网信息技术(北京)股份有限公司取得了电影《画皮》在中国大陆的独占信息网络传播权。原告通过公证方式,从被告苏宁尚品电器有限公司(以下简称苏宁公司)购买了被告湖北精伦电子股份有限公司(以下简称精伦公司)生产的"精伦 H3 播放器"一台,并对该播放器连接互联网、电视机后收看影视剧的过程进行了公证。原告认为,两被告的行为侵犯其信息网络传播权,诉请两被告停止侵权,并连带赔偿经济损失 15 万元。北京市朝阳区人民法院认为,涉案播放器播放的电影《画皮》来自第三方网站(pplive. com),精伦公司通过"精伦 H3 播放器"向用户提供的是链接服务,由于原告陈述其并未给予第三方网站(pplive. com)的授权,可以认定第三方网站(pplive. com)中的电影《画皮》系侵权作品。上述播放器搜索结果唯一,附有电影海报、演员信息、内容介绍等影片信息,精伦公司网站介绍其播放器时亦提到来自网络的海量高清影视资源,经精选与整理等内容,说明精伦公司对电影《画皮》的链接提供了筛选和编排行为,进而可以认定精伦公司应当知道其提供的涉案影片链接可能侵权,主观上具有过错,判令精伦公司停止通过涉案播放器提供电影《画皮》的链接服务,赔偿经济损失人民币 0.5 万元;苏宁公司作为销售者,具有合法的产品来源,无须承担赔偿责任,仅需承担停止销售可在线链接涉案电影《画皮》的"精伦 H3 播放器"的责任。②

北京市第二中级人民法院终审认为,精伦公司主张涉案电影《画皮》搜

① 参见北京市第二中级人民法院(2009)二中民初字第 17910 号民事判决书。

② 参见北京市朝阳区人民法院(2011)朝民初字第 17348 号民事判决书。

索链接自域名为 pplive. com 的网站,未尽到相应的举证责任,应承担举证不能的法律后果;依据现有证据,精伦公司在其网站(TVlife. com)上提供了涉案电影《画皮》,且未取得原告许可,应依法承担停止侵害、赔偿损失及诉讼合理支出的民事责任;苏宁公司作为销售者,能够提供合法来源且不知道"精伦 H3 播放器"可以在线播放涉案电影,不应承担赔偿责任,但应承担停止销售可在线链接至域名为 TVlife. com 并播放涉案电影《画皮》的"精伦 H3 播放器"的责任。①

(三)"视频播放器案":三网融合设备制造商、网络内容提供商的侵权责任

在该案中,原告乐视网信息技术(北京)股份有限公司享有电影《观音山》的独占信息网络传播权,并以普通许可的方式授权北京优朋普乐科技有限公司使用。原告通过公证的方式购买了被告深圳市深迪数码科技有限公司生产经营的网络高清播放器一台。原告认为,被告未经许可,通过其生产经营的网络高清播放器播放电影《观音山》,侵犯其信息网络传播权,要求被告停止侵权并赔偿损失。深圳市龙岗区人民法院认为,被告生产经营的高清播放器并非单纯影音播放设备,其同时具有网络服务功能。将该播放器连接电视剧和互联网并开机后,使用该播放器的遥控器操作,即可实现在线点播涉案电影。被告既非单纯的数码产品硬件设备生产商,亦非纯粹的网络服务提供商,其已成为网络内容提供商。在涉案高清播放器运行过程中,播放软件设置了影视频道,进行了分类编排,并对相关影视作品进行了推荐,即使被告提供的是搜索链接服务,其亦应负有比普通搜索链接行为更高的注意义务,即对被链接网站提供涉案影片的行为是否已取得著作权人许可加以注意。被告未尽上述注意义务,主观上存在过错,依法应承担侵权责任。被告虽抗辩主张涉案电影来源于其他网站,但在上述播放器播放涉案电影过程中,并未跳转至其他网站播放,均在被告公司播放器界面上播放。

---

① 参见北京市第二中级人民法院(2012)二中民终字第 10166 民事判决书。

在无充分证据证明的情况下,无法认定涉案电影来源于其他网站。判令被告停止侵权并赔偿经济损失及合理费用人民币2.5万元。[①] 该判决一审生效。

(四)"宜搜案":手机网络服务提供商的侵权责任认定

该案中,原告蔡某有小说《玛格丽特的秘密》的著作权,其认为被告深圳市宜搜科技发展有限公司未经许可,通过网站(www.easou.com)传播上述小说,侵犯其信息网络传播权,要求被告停止侵权并赔偿经济损失。深圳市福田区人民法院认为,在当前条件下,解决手机用户浏览互联网网页的技术是WAP转码技术;从原告取证的涉案公证书显示内容来看,有关小说《玛格丽特的秘密》的搜索、阅读页面已注明被控侵权小说来源于"春雨文学",并且该显示页面具有WAP转码技术的显示特征,根据高度盖然性证据认定原则,可以判断被控侵权小说内容来源于第三方"春雨文学"网站,被告就涉案小说阅读所提供的服务为搜索、链接服务,在本案中并不存在直接侵权行为。如被告明知或应知所链接的作品侵权而提供实质性帮助,则可能构成间接侵权。就涉案小说阅读提供的搜索引擎服务而言,被告不存在明知或应知被链接网站构成侵权的情形,并不具有侵犯他人信息网络传播权的主观过错。被告收到原告有关被控侵权行为的通知后,已采取相应措施停止被控侵权行为,其行为符合法律规定的"通知—删除"规则,不构成侵权。[②] 该判决一审生效。

(五)"百度案":手机网络服务提供商的侵权责任认定

该案中,原告上海玄霆娱乐信息科技有限公司享有《斗破苍穹》等5部小说的著作权,其认为被告北京百度网讯科技有限公司(以下简称百度公司)未经许可,通过网站(www.baidu.com)以及二级域名(wap.baidu.com)

---

① 参见深圳市龙岗区人民法院(2012)深龙法知民初字第169号民事判决书。

② 参见深圳市福田区人民法院(2010)深福法知产初字第70号民事判决书。

传播上述小说。被告上海隐志网络科技有限公司(以下简称隐志公司)与百度公司之间签有基于搜索结果的分成协议。原告诉请两被告停止侵权,并连带赔偿经济损失人民币100万元及合理费用人民币8.45万元。上海市卢湾区人民法院认为,百度公司在www.baidu.com提供涉诉作品的盗版链接,在接到原告的通知后未及时断开链接,构成帮助侵权;百度公司在wap.baidu.com提供涉诉作品盗版内容的行为构成直接侵权,依法应当承担停止侵权、赔偿损失的民事责任。原告提供的证据尚不足以证明隐志公司有主观过错且参与百度公司的侵权行为。遂判决百度公司停止侵权,赔偿原告经济损失人民币50万元以及合理费用人民币4.45元,驳回原告的其他诉讼请求。① 百度公司提起上诉后,又在二审期间撤回上诉,该案一审判决生效。

从上述司法实践来看,可以发现国内法院对涉及三网融合技术的著作权侵权纠纷既存在认识上的一致,也存在认识上的分歧。在三网融合设备制造商、网络内容提供商、设备销售商的侵权责任方面,法院认定标准趋于一致;但在网络服务提供商所提供的网络服务性质如何区分、网络服务提供商是否应当承担侵权责任、网络服务提供商直接侵权或间接侵权责任如何认定等方面,不同法院裁判观点存在较大分歧。在“精伦播放器案”中,虽然两级法院均认定被告精伦公司构成侵权,但一审法院认为其构成间接侵权,二审法院则认为构成直接侵权。在手机网络服务提供商的侵权责任认定上,“宜搜案”“百度案”的判决结果则截然相反。

三、三网融合背景下著作权侵权案件的裁判原则

(一)技术中立原则与实质性非侵权用途规则

技术中立原则是为了应对新技术发展而被提出的新的立法原则,其含义是,法律对行为的定性,不能仅因实施的技术手段不同就出现不同的法律评价,而应当以行为人的目的和行为的效果为标准作出判断,具有相同效果

① 参见上海市卢湾区人民法院(2010)卢民三(知)初字第61号民事判决书。

三网融合背景下著作权侵权案件的裁判原则：
1. 技术中立原则。
2. 利益平衡原则。

的行为应当受到相同的法律评价。① 实质性非侵权用途规则源于1984年美国联邦最高法院在环球城市工作室有限公司诉美国索尼公司(Universal City Studios. Inc,. v. Sony Corparation of America)一案中就索尼公司是否应当为他人使用Betamax录像机实施侵犯著作权行为而承担帮助侵权责任时作出的认定,也被称为索尼案规则。其含义是,如果产品可能被广泛用于合法的、不受争议的用途,即具有实质性非侵权用途,即使制造商和销售商知道该产品可能被用于侵权用途,也不能推定其存在帮助他人实施侵权行为的用途,也不能推定其存在帮助他人实施侵权行为的故意而构成帮助侵权,并进而要求其承担著作权侵权责任。②

实质性非侵权用途规则。

实质性非侵权用途规则是技术中立原则的具体体现。技术本无善恶之分,一个产品或技术被用于合法用途或非法用途,并不能由产品或技术提供者所预料和控制,因而无从仅仅因为产品或技术成为侵权工具而使提供者为他人侵权行为负责。技术中立原则对于调整技术创新和著作权保护之间的关系具有重要的指导意义。它作为平衡著作权人和社会公共利益的调节器,贯穿于著作权法产生与发展的整个过程,立法者无须为印刷技术、模拟复制技术、数字复制技术、网络传播技术等新技术的出现而不断制定特别的法律。

在三网融合设备制造商的侵权责任认定方面,"精伦播放器案""视频播放器案"均体现了实质性非侵权用途规则的运用。在"精伦播放器案"中,从法律层面来分析,精伦公司在该案中实施了两种不同性质的行为:一是精伦公司生产了能够连接互联网、电视

① 参见王迁:《超越红旗标准——评首例互联网电视著作权侵权案》,载《中国版权》2011年第6期。

② 参见Sony Corparation of America et al. v. Universal City Studios. Inc. ,et al. 464 U. S. 417(1984)。转引自祝建军、冯刚:《互联网电视机传播侵权影视作品的责任认定》,载《人民司法》2012年第8期。

机并能以电视机为显示终端,从而观赏互联网上影视节目等内容的播放器;二是精伦公司在提供影视节目观赏服务过程中,因过错提供了电影《画皮》的链接(一审认定),或未经许可直接提供了电影《画皮》(二审认定)。作为一种新的传播工具,精伦公司生产的“精伦 H3 播放器”应当被认定具有实质性非侵权用途,一、二审法院均未因精伦公司生产上述“精伦 H3 播放器”而认定其侵权。

在“视频播放器案”中,被告深圳市深迪数码科技有限公司行为亦可分为两类:一是制造并销售能将电视机与互联网连接的视频播放器产品;二是以该视频播放器的互联网站为平台,向客户提供包括涉案电影在内的影视作品点播服务。对于被告实施的第一类侵权行为,根据技术中立原则,被告制造并销售的视频播放器产品作为一种新技术传播工具,具有实质性非侵权用途,法院认定其无须承担著作权侵权责任。

(二)利益平衡原则

我国鼓励三网融合相关产业发展和商业模式创新,这对促进国民经济快速发展能起到重要的推动作用。“精伦播放器案”“互联网电视机案”两案判决对停止侵权责任的适用,就较好地平衡了著作权人、新技术研发人和社会公众的利益,体现了利益平衡原则的适用。在“精伦播放器案”中,在承担停止侵权责任的方式上,一、二审法院都在对精伦公司两种不同性质行为进行区分的基础上作出了判决。对于第一种行为,即精伦公司作为三网融合设备制造商生产涉案播放器的行为,一、二审法院并未判令精伦公司停止生产和销售涉案播放器。对于第二种行为,即精伦公司因过错提供了电影《画皮》的链接,或未经许可直接提供了电影《画皮》(二审认定),基于各自认定的案件事实,一审法院判令精伦公司立即停止通过“精伦 H3 播放器”提供电影《画皮》的链接服务,苏宁公司立即停止销售可在线链接电影《画皮》的“精伦 H3 播放器”;二审法院判令精伦公司立即停止在其网站 TVlife. com 上提供涉案电影《画皮》的行为,苏宁公司作立即停止销售可在线链接至域名为 TVlife. com 并播放涉案电影《画皮》的“精伦 H3 播放器”。

在“互联网电视机案”中，法院亦对TCL公司实施的影视作品传播的行为进行了区分：一是制造、销售了互联网电视机产品；二是该款互联网电视机产品为用户提供影音资讯库的搜索、链接、下载功能。在承担停止侵权责任的方式上，法院并未判令TCL公司停止生产、销售作为中性播放工具且不特定用于侵权的互联网电视机，而是判令TCL公司、迅雷公司停止通过涉案带有迅雷公司互联网功能模块的互联网电视机提供涉案电影作品《薰衣草》下载观看服务的行为，国美公司停止销售涉案带有迅雷公司互联网功能模块可下载观看电影作品《薰衣草》的互联网电视机。

在网络环境下，网络服务提供者是信息网络传播的中枢，是连接著作权人、网络用户和社会公众的桥梁和媒介。网络环境和网上传播的特殊性和复杂性，使网络著作权保护涉及的利益平衡更复杂、更特殊、更敏感和更突出。准确认识网络著作权保护中的利益平衡、恰当地进行制度设计并通过正确的法律适用确保其实现，都是网络著作权保护中最重要和最基本的问题。传统著作权主要涉及著作权人与社会公众之间的利益平衡，而网络著作权保护则涉及著作权人、网络服务提供者及社会公众三者利益之间的平衡，网络服务提供者成为利益衡量的重要环节。就后两者而言，对于网络服务提供者的利益考量涉及互联网产业的发展，对于社会公共利益的考量涉及网络资源的公共使用、公共创新空间、言论自由等公共利益，这些利益格局的构造直接涉及著作权保护的边界、互联网产业的发展空间及公共利益的保障。这些利益的具体架构及其相互之间边界的划定应通过法律规则的设定和适用来实现。① 自2013年1月1日起施行的《最高人民法院关于审理侵害信息网络传播权民事纠纷案件适用法律若干问题的规定》第1条明确规定，“人民法院审理侵害信息网络传播权民事纠纷案件，在依法行使裁量权时，应当兼顾权利人、网络服务提供者和社会公众的利益”。

---

① 参见孔祥俊：《论网络著作权保护中利益平衡的新机制》，载最高人民法院民三庭编：《知识产权审判指导》（第1辑），法律出版社2011年版，第63~68页。

四、三网融合背景下网络服务提供商著作权侵权责任的具体认定

未经著作权人许可,实施受著作权人专有权控制的行为,又缺乏法定许可、合理使用等合法抗辩事由的,构成直接侵权。间接侵权是相对于直接侵权而言的。它是指行为人并未直接实施受著作权专有权利控制的直接侵权行为,如果其行为与他人直接侵权行为存在特定关系,可基于公共政策原因而被界定为侵权行为。这类行为构成侵权的原因,并非其直接侵犯了著作权人的专有权利,因而被称为间接侵权。构成间接侵权的各种行为都不在著作权专有权利的控制范围内,将其界定为对著作权的侵犯是出于适当扩大著作权保护范围的政策考量以及这些行为的可责备性,因此必须以行为人具有主观过错为构成要件。间接侵权的类型包括以下两种:(1)教唆、引诱他人侵权或故意帮助他人侵权。教唆、引诱进行侵权,或者明知、应知他人行为构成侵权但仍然给予实质性帮助的,应当对侵权后果承担责任。这是各国侵权行为法所普遍承认的规则。过错是间接侵权的构成要件。(2)直接侵权的预备行为和扩大侵权后果的行为。某些行为并未直接侵犯著作权人的专有权利,也不属于教唆、引诱或故意帮助他人侵权,却极有可能导致直接侵权或扩大其侵权行为的损害后果。一些国家立法者出于防止直接侵权和避免损害后果扩大的考虑,也将这类行为规定为间接侵权。[①]

构成间接侵权的各种行为都不在著作权专有权利的控制范围内,将其界定为对著作权的侵犯是出于适当扩大著作权保护范围的政策考量以及这些行为的可责备性,因此必须以行为人具有主观过错为构成要件。

① 参见王迁:《网络版权法》,中国人民大学出版社2008年版,第132页。参见王迁:《"WAP"搜索及相关服务著作权侵权问题研究》,载《知识产权》2012年第1期。参见深圳市中级人民法院知识产权庭课题组:《网络环境下侵害著作权纠纷案件的调研报告》,载最高人民法院民事审判第三庭编:《知识产权审判指导》(第19辑),法律出版社2012年版,第103页。

商业特许经营合同审判实践若干问题探究

一、前　　言

商业特许经营被称为20世纪最成功的商业模式,也被称为21世纪的主导商业模式。自20世纪60年代始,特许经营缔造了美国麦当劳、肯德基的神话,散发出日本T－ELEVEN便利连锁的光芒。进入21世纪后,随着互联技术以及物联网的快速发展,电子商务与特许连锁系统迅速对接,正迅速改变大众的消费方式以及颠覆传统的商业模式。

2007年3月,美国联邦贸易委员会(Federal Trade Commission,FTC)正式颁布了长达398页的《特许经营规则》(Disclosure Requirment and Rrohibitions Concerning Franchising and Business Opportunity Ventures)修正案,目前该修正案已经在美国全部州范围内适用。2007年5月1日我国《商业特许经营管理条例》(以下简称《条例》)正式实施。

二、开展商业特许经营合同调研的背景

(一)深圳市福田区人民法院开展特许经营合同调研的背景

自2008年1月1日获得部分知识产权民事纠纷案件管辖权起,深圳市福田区人民法院经过两年多时间的探索和积累,知识产权审判工作已初显成效,成功审理了一批疑难典型案件,充分发挥了司法保护在保护创新、支持创造方面的作用。而福田区作为深圳市中心城区,总部经济是福田区的

发展重点，特许经营合同纠纷呈多发态势，福田法院受理的特许经营合同案件数量一直以来稳居深圳市法院前茅。特许经营合同纠纷数量多、审判任务艰巨，而审判人员经验相对欠缺、理论知识不够系统，在审判实践中遇到不少问题。

（二）深圳市福田区人民法院近年来商业特许经营合同审理的基本情况

1. 收结案情况

2008 年深圳市福田区人民法院共受理特许经营合同案件 7 宗，审结 7 宗，其中以撤诉方式结案 3 宗，以判决方式结案 4 宗；2009 年深圳市福田区人民法院共受理特许经营合同案件 27 宗，其中以撤诉方式结案 6 宗，调解方式结案 8 宗，判决方式结案 13 宗；截至 2010 年 9 月 15 日深圳市福田区人民法院共受理特许经营合同纠纷 16 宗，已审结 5 宗，其中以调解方式结案 2 宗，以判决方式结案 3 宗。

2. 深圳市福田区人民法院受理的特许经营合同案件特点

（1）案件数量多，增长速度快。2008 年深圳市福田区人民法院共受理特许经营合同案件 7 宗；2009 年深圳市福田区人民法院共受理特许经营合同案件 27 宗；截至 2010 年 9 月 15 日，深圳市福田区人民法院共受理特许经营合同纠纷 16 宗，案件数量不断增长。

（2）特许经营合同案件调撤率较低，调解难度大。在深圳市福田区人民法院已审结的特许经营案件中，总调撤率为 49%，远低于深圳市福田区人民法院知识产权案件近 3 年平均约 80% 的调撤率。

（3）原告以个人居多，且多为合同中的被特许人。2008 年、2009 年，在我院审理的案件中，原告为个人且为被特许人的比例分别为 57.1%、62.9%，原告以个人居多。

（4）特许经营内容涉及广。案件涉及服装、化妆品、饰品、餐饮、珠宝、电子商务、汽车销售等诸多行业，其中以服装业居多。

（5）特许人存在较多不规范情形。在特许经营合同中，特许人大多存在虚假宣传、不具备相应资质、未备案、不按合同要求返还保证金、收取货款后不出货等违反诚实信用、违法的情况。

三、商业特许经营合同的基本问题

(一)特许经营的定义

特许经营是英文“franchising”的汉译,其词源含义是指授予某人一项特许(franchise)和自由。在现代,商业特许经营是指一种营销商品和服务的方式。尽管商业特许经营在全球已经经历了100余年的发展,但是目前在国际上还没有一个比较完整、统一的概念。国际统一私法协会、世界知识产权组织(World Intellectual Property Organization,WIPO)等国际组织以及FTC,欧洲商业特许经营联合会及日本连锁加盟协会,等对商业特许经营的概念都有不同的表述。①

根据国务院于2007年颁布的《条例》第3条的规定,商业特许经营是指拥有注册商标、企业标志、专利、专有技术等经营资源的企业(特许人),以合同形式将其拥有的经营资源许可其他经营者(被特许人)使用,被特许人按

---

① 国际统一私法协会《特许经营信息披露示范法》对特许经营的定义是:特许经营是指由一方(特许人)授权或要求另一方(受许人)依照特许人指定的系统以自己的名义商品销售或提供服务,并获得直接或间接的财务回报。该系统包括专有技术和支持,基本的业务运作模式,包括特许人对受许人严格的和持续的营业控制,并应实质上使用特许人指定的商标、服务商标、商号和标志等。

根据WIPO出版的《特许连锁指南》一书对特许连锁下的定义,“特许连锁的特征是许可商与被许可商之间进行的一种商业关系,不仅包括产品、服务和商标,而且还涉及整个商业组织本身——市场策略和计划,运行方式和标准,质量控制和双向通讯”。

FTC的定义分两种:第一种:包括下列三个特征:(1)特许经营的受许人出售的货物或服务项目要求达到特许经营特许人规定的质量标准(指受许人按照特许人的商标、服务标记、商号名称、广告或其他商业象征经营商业)或出售标明特许人标记的产品或服务项目;(2)特许人对受许人企业的经营方法行使有效的控制或给予有效的协助;(3)在业务开始的六个月内,受许人要向特许人或其成员支付500美元或500美元以上的费用。第二种:也包括下列三个特征:(1)受许人出售由特许人或与特许人有关的商人供应的货物或服务项目;(2)特许人为受许人找到开立账户的银行或为受许人找到自动售货机、货物陈列架的地点或位置,或向受许人介绍能够办妥上述两件事的人员;(3)在业务开始后的六个月内,受许人要向特许人或其成员支付500美元或500美元以上的费用。

照合同约定在统一的经营模式下开展经营，并向特许人支付特许经营费用的经营活动。虽然主要国家或国际组织对商业特许经营定义并不统一，但是对于商业特许经营中的一些要素和特征却都存在基本的共识，例如，合同安排、知识产权许可、培训支持、费用支付，等等。著名经济学家马丁·门德尔森对此作了全面的总结，他认为特许经营的基本要素包括：(1)特许经营关系的存在是以某种合同的存在为前提的，而这个合同是双方当事人协商一致的结果；(2)特许人应首先建立一套有显著标识的成功经营模式，其中此标识可能是商标和(或)商号；(3)特许人应对受许人进行开业前的培训和支持，以使受许人顺利开业并成功经营；(4)受许人开业后，特许人仍需与其保持密切的关系，并继续提供支持与帮助；(5)受许人被授权使用特许人的商名、商标从事经营活动并因此而获益；(6)受许人必须以自有资金对其业务进行实质性投资；(7)受许人拥有其业务；(8)受许人须为其获得的权利和服务向特许人支付费用。①

(二)特许经营的法律特征

通过以上特许经营各种不同定义的分析与总结，我们可以从中归纳出特许经营这一现代经营模式的法律特征，包括：

1. 特许经营的法律基础是商业特许经营合同。特许经营在本质上是一种契约性质的关系。特许人与受许人之间既不存在雇佣关系，也不是母公司与子公司、总公司和分公司的关系，受许人也不是特许人的代理人，二者是相互独立的经营实体，双方通过订立特许经营合同，确定各自的权利和义务内容。在实际经营中，受许人虽然借助特许人的知名品牌和成熟的经营模发展自己，但受许人和特许人往往各自独立、自负盈亏、各担风险，受许人对特许加盟店享有所有权，受许人的人格不能被特许人的人格所涵盖。② 可以说，特许经营的各个环节都是以特许经营合同为基础并且通过特许协议

---

① See Martin Mendelsohn, "Franchising", *FT law & Tax*, 1995.

② 参见尹雪英：《论商业特许经营主体对消费者责任的承担》，载《中国集体经济》2007年第7期。

而相互联结,特许经营合同在特许经营这一商业模式的构成中占据核心位置。

2. 特许经营的核心是知识产权的许可使用。特许经营这一法律关系所指向的内容或者说特许经营合同的标的,就是围绕一系列知识产权个体权利的集中许可使用。在这种法律关系之下,特许人将其商标、商号、著作权、专利和专有技术、经营诀窍、经营模式、经营理念及经营规范和标准等众多知识产权个体,通过合同有偿许可给被特许人使用。在特许经营合同中,这些知识产权个体,均被纳入了特许经营权的范畴。特许经营权,也有学者称之为特许权,因其具有专有性、地域性和时间性的特点,而被归为无形财产权。① 在特许经营中,特许人还必须就其拥有的知识产权进行整体的特许,而不能也不会就单个知识产权进行交易。②

3. 所有特许经营体系内的企业对外具有统一的企业形象,具有共同的外部特征。在绝大多数特许经营中,特许人与受许人都是各自独立的经济实体,受许人对自己开设的加盟店拥有所有权,并对其经营行为独立承担全部法律责任。尽管受许人对特许人授予其经营管理的商标、服务标志、商业名称或整体经营模式等无形财产享有、在授权范围内进行经营性占有、使用和收益的权利,但是,加盟企业的经营权还是高度集中在特许总部,由总部统一设定企业识别系统,拥有共同的企业外部特征。

4. 特许人必须具备相应的条件资质。例如,在我国,特许人从事特许经营活动应当拥有注册商标、企业标志、专利、专有技术等经营资源;特许人从事特许经营活动应当拥有成熟的经营模式并且必须为企业等条件。

5. 取得特许经营权要支付一定的对价。特许人与受许人签订特许经营合同后,特许人除了向被特许人授予特许经营权之外,还要向其提供加盟店选址、市场考察、前期业务培训等诸多支持。而作为获取这些权利和支持的对价,受许人要支付包括加盟费、使用费和保证金在内的相关费用。其中,

① 参见吴汉东、胡开忠:《无形财产权制度研究》,法律出版社 2001 年版,第 53 ~ 64 页。

② 参见郑曙光、卢建益:《商业特许经营:经济法视野下的考察与分析》,载《宁波大学学报》2006 年第 3 期。

加盟费是在签订特许合同后受许人一次性缴纳的费用，也称初始特许费（initial fee）。[①] 除加盟费外，受许人在使用特许经营权过程中，对于特许人提供的不间断的支持服务还要支付后续特许费，也称特许权使用费（royalty）。

值得说明的是，上述法律特征只是一般情况下特许经营合同应当具备的特征，并不是在每一个特许经营法律关系中都必须全部具备。

（三）商业特许经营合同的定义

基于以上分析，可以对商业特许经营合同下一定义：所谓特许经营合同，是指特许人许可受许人在一定区域和一定期限内，将特许人所拥有的商标（包括服务商标）、商号、服务标记、专利、技术秘密、经营模式等一系列无形财产权及专有权利，使用于受许人自己进行实质性投资的企业，受许人因此而向特许人支付使用费的协议。

任何合同都具有确立当事人之间权利义务关系的作用，商业特许经营合同当然也不例外。但是，与其他类型合同相比，商业特许经营合同的特点是具有创建"组织"的作用。具体而言，商业特许经营合同的此项作用是指通过缔结合同在合同当事人间建立起组织体系，这个组织体系是以特许人为核心由多数被特许人参加组成的网络。[②]

商业特许经营合同不是合同法上的有名合同，而属于无名合同，是有关特许的实施许可合同，但又不能简单地归结或等同于知识产权许可合同；由于它反映了特许组合的复杂性和特许经营体系的多样化，因而，具有了作为特殊合同类型的特性。此外，商业特许经营合同又是继续合同，合同的订立、履行、解除以及一旦发生合同纠纷时对合同的解释，都应当本着继续合同的原则进行。

---

① 张玉卿、庞正中：《国际特许经营指南》，法律出版社 2002 年版，第 45 页。

② 参见何易：《特许经营法律问题研究》，中国方正出版社 2004 年版。

(四)我国商业特许经营合同纠纷成因

我国商业特许经营合同纠纷呈多发态势,且原告多为被特许人,这与商业特许经营这一模式和我国目前现实的经济和法治环境直接相关。特许经营对受许人而言,优势主要在于:(1)投资成功的机会大幅提高;(2)系统的管理培训和技术指导;(3)减少宣传成本和沉没成本;(4)较易获得加盟总部或者银行的资金资助。[①] 而其缺点也比较明显,主要在于:(1)经营受到严格约束,缺乏自主权,受许人加入特许经营体系后,其付出的代价就是经营自由度收到严格限制。(2)特许人一旦出现经营决策的失误或者偏颇,受许人就会受到牵连,投资者一旦加入特许组织,就等于将自己的投资成败,皆付与特许人,一旦特许人决策经营出现问题,受许人都将收到严重影响。(3)受许人退出合同或者转让都将受到特许经营合同的严格限制。受许人如果在合同签订后想退出合同,特许人基于自身利益一般不会准许,受许人必须借助与法律程序解决,即使在合同终止之后,受许人欲从事类似活动,仍然会有若干限制。[②] (4)受许人必须支付一定的对价。受许人要支付包括加盟费、使用费、保证金甚至培训费等各种费用,这对还没开始经营的受许人而言,是不小的经济负担和经营风险。(5)缔约信息不对称,在特许经营体系中,特许人在信息和资源的占用上,都要明显优于受许人,受许人处于弱势地位,容易收到特许人的欺骗或者隐瞒。

对于特许人而言,特许经营的优势在于:(1)可利用他人的资金和经营快速进行扩张;(2)批量采购和统一广告,以规模降低运营成本。而劣势在于:(1)被特许人掌握相关技术后容易寻求独立;(2)难于寻找合适的加盟商,且在运作过程中商业秘密容易泄露。[③]

由我国特许经营的发展实际所决定,上述情况的发生具有一定的特殊

---

① 参见张国元:《特许经营法律与实务问题研究》,法律出版社2009年版,第7页。

② 同上书,第11页。

③ 参见[美]Justis R. T. Judd R. J.:《特许经营》,李维华等译,机械工业出版社2005年版,第31~40页。

性,主要有:(1)特许经营模式在我国市场经济中属于比较新的模式,整个社会包括特许经营合同的当事人均缺乏对该体系的深刻理解。(2)特许经营门槛过低,特许企业良莠不齐。(3)特许经营合同纠纷具有群体性特征,由于部分特许人不具备特许实力却盲目扩张,一旦一个特许经营环节出现问题,容易造成整个特许经营体系的连锁反应。特许人则往往选择以下落不明等方式逃避责任。(4)在特许经营合同的订立和履行中,被特许人在缔约能力、分析项目商业价值、判断市场风险等方面始终处于相对弱势地位,容易受到不公正合同条款或者特许人不诚信行为的伤害。

四、商业特许经营合同审判实践中的主要法律问题

(一)违反特许人资格条件时合同效力的认定

《条例》第3条规定:“本条例所称商业特许经营(以下简称特许经营),是指拥有注册商标、企业标志、专利、专有技术等经营资源的企业(以下简称特许人),以合同形式将其拥有的经营资源许可其他经营者(以下简称被特许人)使用,被特许人按照合同约定在统一的经营模式下开展经营,并向特许人支付特许经营费用的经营活动。企业以外的其他单位和个人不得作为特许人从事特许经营活动。”第7条规定:“特许人从事特许经营活动应当拥有成熟的经营模式,并具备为被特许人持续提供经营指导、技术支持和业务培训等服务的能力。特许人从事特许经营活动应当拥有至少2个直营店,并且经营时间超过1年。”结合这两个主要条款以及其他条款的相关规定,可以认定特许人的特许条件为:(1)主体条件。特许人必须是企业,其他单位和个人不得作为特许人从事特许经营活动。(2)能力条件。包括:①特许人从事特许经营活动应当拥有注册商标、企业标志、专利、专有技术等经营资源;②特许人从事特许经营活动应当拥有成熟的经营模式;③特许人从事特许经营活动应当具备为被特许人持续提供经营指导、技术支持和业务培训等服务的能力。(3)直营店条件,即“两店一年”条件问题。特许人从事特许经营活动应当拥有至少2个直营店,并且经营时间超过1年。(4)其他条

件，包括《条例》第8条规定的备案制度，以及《条例》第3章专章规定的信息披露等制度。《中华人民共和国合同法》第9条规定："当事人订立合同，应当具有相应的民事权利能力和民事行为能力"，亦即当事人缔约时应当具有相应的合同能力。对于特许人而言，作为合同当事人在缔约时的"相应的合同能力"是指作为特许经营合同主体资格必须合格，并具有履行特许经营合同的能力。这里涉及如果特许人违反上述四个条件中的一个或者多个，是否导致合同无效的问题？

违反主体条件时的合同效力问题。《条例》对特许经营的主体资格条件进行了严格限制，只有企业这一组织形式才可以从事特许经营这一经济活动，其他任何单位组织和个人都不得作为特许人从事特许经营活动。这里涉及一个问题，如果特许人为非企业组织，如个体工商户，但是该个体工商户满足其他特许经营的条件，有从事特许经营的成熟模式和经营能力等，受许人又没有合同无效的主张，在这种情况下，特许人和受许人签订的《商业特许经营合同》是否可以被认定无效？深圳市福田区法院在审理原告黄某慈诉被告林某荣特许经营合同纠纷一案中即涉及此问题。原告黄某慈于2008年3月6日，与被告林某荣签订了一份《亲子服装特许加盟合同》，约定原告的加盟级别为单店代理（经营范围为深圳市南山区儿童世界），加盟期自2008年3月6日至2009年3月7日，加盟范围为某某亲子服装品牌亲子装、童装。[①] 后原告因货款纠纷诉至深圳市福田区人民法院，要求法院判定解除合同和被告赔偿损失。《合同法》第52条规定，有下列情形之一的，合同无效：(1)一方以欺诈、胁迫的手段订立合同，损害国家利益；(2)恶意串通，损害国家、集体或者第三人利益；(3)以合法形式掩盖非法目的；(4)损害社会公共利益；(5)违反法律、行政法规的强制性规定。《条例》在效力级别上属于行政法规，按照法解释学，《条例》第3条的规定应当属于强制性规范规范中的效力性规范，违反此规定的结果，不仅可能产生行政管理上的责任，更将导致民事法律关系上的法律后果。因此，深圳市福田区人民法院在

① 参见深圳市福田区人民法院（2008）深福法知产初字第115号民事判决书。

依法查明事实的清楚上，依据该条规定，判定该合同无效。

违反能力条件时的合同效力问题。特许人的能力条件限制较为宽松，对从事特许经营活动经营资源、经营模式、为被特许人持续提供经营指导、技术支持和业务培训等服务的能力，只是作了原则性的规定，并未提供量化的指标。因此，对于这一能力的限制以及在此种情况下的合同效力认定问题，实践中一般由合议庭法官按照案件实际情况进行判定。在深圳市福田区人民法院审理的原告黄某芬诉被告深圳市某利贸易有限公司特许经营合同纠纷一案中，原告于2006年3月13日与被告签订了一份《某某品牌特许加盟合约》，约定被告合法拥有该品牌系列产品的中国大陆代理权，同意原告为梅州区大新城商业区的特许加盟商，未经被告许可，原告不得以任何形式将被告提供的该品牌系列产品销往本合同许可经营以外地区。后原告因被告未退回履约保证金而诉至深圳市福田区人民法院。深圳市福田区人民法院在审理中发现，被告无证据证实其合法拥有该品牌的注册商标，亦无证据证实其合法拥有该品牌系列产品的中国大陆代理权。结合案件的具体情况，被告在其并不具备特许人法定资格要件的情况下与原告签订的加盟合同，将合同认定为无效。[①]

违反直营店条件时的合同效力问题。在违反直营店条件时是合同是否无效的问题上，一直有两种观点，一种观点认为“两店一年”是管理性的强制性规范，非效力性规范，违反“两店一年”只是导致行政处罚等结果的发生，不会也不可能导致民法上的合同无效的这一法律后果；另一种观点认为，“两店一年”属于特许人进行特许经营的市场准入条件，属于关涉社会公共利益的法律强制性规定，违反将产生合同无效的法律后果。如果从法解释学的角度来看，这两种观点争议就在于“两店一年”这一条件是属于效力性规范或管理性规范。何为效力性规范或管理性规范，具体来说可以采取以下标准：第一，法律法规明确规定违反禁止性规定将导致合同无效或不成立的，该规定属于效力规范。第二，法律法规虽没有明确规定违反禁止性规定

① 参见深圳市福田区人民法院(2009)深福法知产初字第225号民事判决书。

将导致合同无效或不成立的，但违反该规定以后若使合同继续有效将损害国家利益和社会公共利益，也应当认为该规范属于效力规范。第三，法律法规虽没有明确规定违反禁止性规定将导致合同无效或不成立的，违反该规定以后若使合同继续有效并不损害国家利益和社会公共利益，而只是损害当事人的利益，在此情况下该规范就不应属于效力规范，而是取缔规范（管理性规范）①。

法律对从事特许经营的特许人作出直营店条件上的规定，是力图确保特许人在特许经营上能够保证足够的谨慎，确保自身的特许经营产品、管理的发展和稳定，从而维护被特许人利益和特许经营体系的健康运行。因此，《条例》中关于直营店的这一规定，属于关乎特许人与受许人特定群体利益的强制性规定，不应也不应该归属于社会公共利益这一范畴。因此，该条款应当属于管理性的规定，违反该条款只能带来行政责任上的后果，并不会引起合同无效这一民事法律关系上的后果。②

违反备案制度时的合同效力问题。从《条例》第 8 条③的规定来看，该条规定亦应当属于管理性规范，而非效力性规范，并不影响合同的效力，特许人备案并不是特许经营合同生效的法律要件，因此即使特许人应该备案而没有备案，其与被特许人签订的特许合同仍合法有效，只是在被商业主管部门发现以后须受到行政处罚。

《条例》第三章专章规定了信息披露的问题，对信息披露与合同的效力问题，将在下文专门阐述。

---

① 参见王利明：《民法总则研究》，中国人民大学出版社 2002 年版。

② 北京市第二中级人民法院民五庭也持同样观点，详见北京市二中院民五庭：《关于特许经营合同纠纷案件审理中若干问题的调研报告》。

③ 《条例》第 8 条规定：特许人应当自首次订立特许经营合同之日起 15 日内，依照本条例的规定向商务主管部门备案。在省、自治区、直辖市范围内从事特许经营活动的，应当向所在地省、自治区、直辖市人民政府商务主管部门备案；跨省、自治区、直辖市范围从事特许经营活动的，应当向国务院商务主管部门备案。

(二)特许经营中的商标权

商标是用来区别一个企业的产品(或服务)与其他企业的产品(或服务)而使用的由文字、图形或者其组合构成的标志。商标具有识别的功能,成了消费者识别商品或服务来源的主要手段。商标具有品质保证功能,经营者或服务者有义务确保其商品或服务的质量,同时商标也代表了企业的形象、产品或服务的质量。商标还具有广告功能。商标的使用是企业营销的主要手段之一,一个优秀的商标能给消费者带来深刻的印象,成了一种典型和有效的广告工具。商标还具有价值功能,商标的前三种功能使其本身成为无形资产,具有独立的价值,商标所有者可以从中获得利益。特许经营在很大程度上依靠的是品牌输出,从某种意义上来讲,特许经营就是由统一的商标维系的一个经营体系,特许人和所有被特许人的利益都与该商标息息相关,商标成了特许经营整体形象和市场声誉的主要载体,因此商标对于特许经营具有重要的意义。对于特许经营而言,在商标的运用中,商标的注册、使用和许可使用是其中较重要的问题。

1. 特许经营中商标的注册问题

在司法实践中遇到的特许经营中的商标注册问题通常分为两个层次。

(1)拥有注册商标是否是从事商业特许经营的必要条件?《条例》第3条的规定引起了注册商标与特许经营关系的种种争论和纠纷。很多人根据这一条得出了只有拥有注册商标才能开展特许经营的结论。其实,《条例》第3条规定的只是特许经营的概念,而并不是规定只有拥有注册商标才能开展特许经营。到底具备什么条件可以开展特许经营,也就是特许人的条件和资格问题,《条例》没有明文规定,而是以不明确的规定分散在有关条文中,才导致了种种误解和纠纷。根据《条例》第3条和第7条的规定,拥有经营资源只是特许人必备的条件之一,而至于具体应具备何种经营资源,《条例》仅做了列举性规定,同时又用"等"字作了延展性规定。从立法本意上来理解,特许人只要拥有其中的一项经营资源就可以开展特许经营,即只要拥有"注册商标、企业标志、专利、专有技术等经营资源"中的任何一项就可以从事特许活动。如此,注册商标只是其中的一种经营资源,特许人不是必须具备注册商标才可以开展特许经营。如果特许人拥有企业标志、专利、专有技术等经营资源,也可以开展特许,此时特许人的商标如果是未注册商标则并无碍特许人的条件和资格。

(2)如何界定"拥有注册商标"？有观点认为只要特许人享有使用注册商标和许可他人使用注册商标的权利,即可以视为"拥有注册商标"。[①] 该观点认为特许人可以通过以下两种方式实现"拥有注册商标":一种是作为注册人注册取得或者受让取得注册商标专用权;另一种是经许可从注册商标专用权人处取得注册商标的独占性的使用权以及再许可他人使用注册商标的权利。这里争议比较大的是第二种方式,注册商标独占使用权人能否再许可他人使用注册商标？有人认为独占许可不能再许可,理由是独占许可仅被许可人能使用商标,许可人及第三人均不得使用,如果独占许可再许可就会让第三人使用商标,与独占许可有冲突。这是没有正确理解独占许可的含义。考虑这个问题的时候应该把普通许可、排他许可、独占许可放在一起考虑,逐一分析这三种许可方式,就会发现许可人的权利一步步被压缩,而被许可人的权利没有变化,因此所谓独占许可中的"独占"一词是限制许可人的,不允许许可人直接授权第三人使用商标,但并不是禁止被许可人在得到许可人授权的情况下许可第三人使用商标。

2. 对特许商标侵权情况的分析及处理

维护特许商标权的另一重要方面是当商标权遭受侵犯时,能够及时采取措施,获得充分有效的司法救济。实践中对特许商标的侵权可分为外部侵权(第三方侵权)和内部侵权(被特许人侵权)。

(1)外部侵权

第三人未经特许人许可,在同一种商品或者类似商品上使用与其注册商标相同或者近似的商标,或者销售明知假冒注册商标的商品,或者伪造、

① 参见北京市第二中级人民法院民五庭:《关于特许经营合同纠纷案件审理中若干问题的调研报告》,载《法律适用》2010 年第 Z1 期。

擅自制造特许人注册商标标识、销售伪造、擅自制造的注册商标标识的都属于侵犯特许人注册商标专用权的行为。这种侵权行为不但会给该商标的所有人——特许人造成损害,而且也会对该商标的被许可人——被特许人带来经济损失,甚至从某种意义上来说,第三人的侵权行为对被特许人造成的直接损失要大于对特许人造成的损失(因为被特许人是该注册商标的直接使用人)。因此,对第三人商标侵权行为的制止,是特许人与被特许人共同的要求。由于特许人一般为该注册商标的所有人,所以从法律关系角度来讲,该侵权之诉的诉讼主体应是特许人,特许人可以以自己的名义提起诉讼。对于被特许人,一些国家法律规定被特许人中除了享有独占商标权的被特许人以外,其他被特许人均不可以自己的名义向法院提起诉讼请求保护。当特许人的特许商标权受到第三方侵害时,被特许人有权(权利)并应该(义务)在侵权诉讼中给予特许人全力帮助,包括发现侵权时及时向特许人报告,积极帮助特许人收集证据等,以保障整个特许网络的共同利益。① 此外由于在现实生活中,第三人的侵权常常发生于某一被特许人所在的区域,该区域的被特许人是侵权行为最直接的受害人,且其对该区域的法律、诉讼程序更为了解,对该侵权行为的取证更为方便,因此特许人也可在特许合同中授权,或事后授权委托被特许人对其区域内的侵权行为提起诉讼。

(2)内部侵权

被特许人在行使特许商标、服务标记权利时,应当依照特许合同的规定,在合同约定的范围或期限内合理地加以使用。而在实践中,被特许人往往出于自身利益的需要,超越合同许可的范围,在许可地域以外或在其他商品上使用被许可商标,从而构成对特许使用商标、服务标记的侵权。例如,1986年美国纽约南部地区法院审理的创新阿巴拉契艺术品公司诉拉纳达电子公司案以及1993年佛罗里达州南部地区法院审理的巴比特电子公司诉戴斯坎公司案。在这两起被特许人超出合同约定区域或约定商品使用特许人特许商标、服务标记案件中,法院认为:商标许可权是指商标权人(特许

① 参见《国际商会标准国际特许经营合同》第10条。

人)允许被特许人在约定的期限、范围内按一定的条件使用其商标,而如果被特许人未能依照特许合同的约定,在合同约定的地域或商品之外使用特许商标、服务标记,则特许人不仅有权向法院提起商标侵权诉讼,还可依据特许合同追究被特许人的违约责任。

此外,还应注意两点:

第一,损害赔偿金的分配问题。如果特许人一方胜诉,将根据所受损失的程度获得侵权人赔付的一笔损害赔偿金。然而法律的规定也到此为止,至于这些损害赔偿金如何在特许人和被特许人之间进行分配,法律并未涉及,因此在实践中就产生了争议。但是民法中有"赔偿与损害相当"原则,即有损害的获赔偿,无损害的无赔偿,损害多的赔偿多,损害少的赔偿少。根据这一原则,可以处理赔偿金在特许人与被特许人中的分配问题。首先,特许人由于其所拥有的商标遭到第三人侵权,所受损失不言而喻,而且特许人还承担了侵权之诉的所有费用,因此特许人有权分得赔偿金。其次,对于被特许人应区别对待。由于前述所讲商标侵权往往发生在一定区域,该区域的被特许人直接受害,所以应分得赔偿金;虽在该区域以外,但牵连受害的被特许人也应获得赔偿,至于在该侵权区域以外,其经营尚未受到影响的其他被特许人则不应分得该赔偿金。最后,该项赔偿金在应获赔偿的特许人与被特许人之间的分配比例,应按其各自所受损失的大小计算,具体由特许人和被特许人协商解决。

第二,被特许人的独立起诉权问题。第三人如果对特许人的商标权实施了侵权行为,被特许人因此遭受了损失,但特许人却怠于行使起诉权,既不自行起诉,也不授权被特许人起诉,以致被特许人利益受到或可能受到进一步损害;或者特许人和被特许人对侵权事实是否发生存在争议(特许人认为没有理由起诉,而被特许人感到自己的利益正在受到侵犯),这时被特许人有何救济方法?对此我国目前尚无直接的法律规定,也无其他法律比照适用。笔者认为,被特许人应先向特许人提出起诉请求,在请求遭到拒绝或在合理期限内未获答复时,被特许人可以以自己的名义提起诉讼,毕竟被特许人的利益与案件之间相关,且被特许人是具有完全行为能力的自然人或法人，其具有独立诉讼行为能力。由此所发生的一切调查取证费、诉讼费、误工费等均由被特许人先行支付，待案件审理结束后，如果被特许人胜诉，其应获得全部损害赔偿，由诉讼引起的一切费用由特许人支付，并且被特许人还可追究特许人未能履行保护商标义务、维护被特许人利益的违约责任。但是如果被特许人败诉，因诉讼所发生的一切费用以及因不当诉讼而给第三人造成的损失都应由提起诉讼的被特许人自行承担。

（三）特许经营中的信息披露问题

1. 法律依据

特许经营的性质决定了特许人与被特许人之间必须保持持续的密切联系，双方均需具备相应的经营条件或资质，才有合作的基础。比较双方的角色和地位，应该说对特许人的资质要求更高，因为对被特许人的要求主要可以通过合同条款予以明确，而特许人也可在选拔被特许人的过程中强化有关条件。在现实中，特许人在合同缔结过程中处于强势地位，往往以格式合同的形式签约，被特许人可以选择和修改的余地很小，为了平衡特许人和被特许人的利益，矫正信息不对称给被特许人带来的投资风险，建立并严格施行信息披露制度具有十分重要的作用。

《条例》中专设第三章对特许人的信息披露义务进行了规定，特许人隐瞒有关信息或者提供虚假信息的，被特许人享有法定的解除合同的权利，并在第四章"法律责任"中规定了违反信息披露义务特许人应当承担的行政责任。商务部还专门制定了《商业特许经营信息披露管理办法》对信息披露予以细化。

2. 违反信息披露义务的法律后果

对违反特许经营信息披露义务一般有三种民事救济方式，即合同撤销、合同解除和损害赔偿。根据《中华人民共和国合同法》第 54 条的规定，合同撤销的原因有重大误解、显失公平、欺诈、胁迫或乘人之危致当事人违背真实意思而签订合同。这些情况在特许经营合同中都有可能发生，但涉及特许经营信息披露的主要是由隐瞒真相、虚假陈述或引人误解的陈述构成的特许经营欺诈。在特许人故意提供的虚假信息的引诱下，具有投资意向的特许申请人陷于错误判断，并基于此错误判断做出了投资加盟的决定。对这种具有严重瑕疵的特许经营合同，受害人一方有三种处理方式：第一，确认合同继续有效；第二，撤销合同，使合同溯及既往地失去效力；第三，受害人如受有损害，可以要求赔偿。在合同被撤销后，投资者可以请求特许人返还因加入特许经营体系而支付的加盟费、商标、商号使用费、货款保证金。如果还存在其他损失的，可以要求赔偿损失。

特许经营双方力量悬殊的特殊性产生了给予被特许人特殊保护的必要，《条例》第23条规定，信息披露应当真实、完整、准确。特许人隐瞒有关信息或者提供虚假信息的，被特许人享有法定解除权。合同解除的后果与合同撤销有所区别。合同被撤销后，视为自始无效，当事人依据合同取得的财产应当返还。但合同解除既可能产生溯及既往的效力，也可能只向将来发生效力。我国《合同法》第97条规定："合同解除后，尚未履行的，终止履行；已经履行的，根据履行情况和合同性质，当事人可以要求恢复原状、采取其他补救措施，并有权要求赔偿损失。"可见合同解除后应当恢复原状的，当事人应负有恢复原状的义务。如依据具体情况不宜恢复原状的，则合同解除后，仅向将来发生效力。①

在被特许人法定解除权和撤销权发生竞合的情况下，可以依据当事人的诉讼请求，根据具体案件事实和法律规定进行认定。另外，在审判实践中，对欺诈的认定应当采取比较慎重的态度，注意区分恶意欺诈和商业吹嘘之间的差别。商业吹嘘通常是指经营者在对外经营宣传活动中对自身经营的商品或服务所作的适度夸大，并不等同于合同欺诈。商业吹嘘和合同欺诈存在以下不同之处：商业吹嘘是在基本事实的基础上适当夸大，合同欺诈则是违背基本事实；商业吹嘘以作为的形式表现，合同欺诈以作为和不作为两种形式表现；商业吹嘘通常表现在要约邀请中，其内容不构成合同条款，

① 参见王利明：《违约责任论》，中国政法大学出版社2003年版，第724页。

合同欺诈的内容通常构成合同条款。[①] 在司法实践中应当综合考虑特许人所隐瞒信息或者所提供虚假信息的重要性、与真实信息相背离的程度以及对与特许经营合同订立和履行的影响程度等因素予以判断，尽可能维护特许经营合同的稳定性，防止被特许人一旦经营失败就把全部责任转嫁到特许人身上。

（四）单方解除权的适用

《条例》第 12 条规定：特许人和被特许人应当在特许经营合同中约定，被特许人在特许经营合同订立后一定期限内，可以单方解除合同。本条是对被特许人的保护条款，也是对特许经营"冷静期"的规定。在特许经营合同签订之前，由于合同双方在谈判实力、经验方面的差别，或者由于被特许人受到某些误导，可能导致被特许人因一时冲动而决定签约，从而没有反映被特许人的真实意图。因此，本条明确规定在特许经营合同中必须约定一个"冷静期"，以缓冲被特许人的投资冲动，使其平静下来认真斟酌，并赋予其在对特许人有了进一步了解后可以反悔的权利，以便更好地保护自己的利益。这种悔约权是一种法定的合同解除权而非违约特权，更不能解释为特许人也有权单方解除合同。由于该条款的规定比较模糊，在司法实践中经常碰到两个问题：一是如果特许经营合同中未约定被特许人在"一定期限"内可以单方解除合同，被特许人能否依据该条款主张单方解除权？二是如果能，该条款中的"一定期限"，应当如何界定？

对于第一个问题，有观点认为没有进行约定的，被特许人可以依据该条款主张单方解除权。因为，对于法律规定的理解不能局限于文字本身，当文义解释与立法解释相悖时，也就是由于立法技术的原因出现词不达意的情况时，还是应当以立法解释为准，还原立法者的真实意图。虽然第 12 条的文字表述本身确实容易产生歧义，但是综合《条例》通篇尤其是第 12 条的立法倾向、立法背景以及文字表述可知，第 12 条的立法本义就是要确定被特

① 参见最高人民法院经济审判庭：《合同法解释与适用》，新华出版社 1999 年版，第 226 页。

许人享有一定期限的悔约权,悔约权本身是法定的,只不过是将"一定期限"的约定权赋予了双方当事人。[①] 笔者也同意这一观点,因为在实践中,特许经营合同大多为特许人提供的格式文本,被特许人很少有修改合同的可能,特许人一般不会主动在合同中写入被特许人的单方解除条款权,在此情形下,如果否认被许可人的单方解除权,等于剥夺了被许可人的毁约权,也让《条例》第12条形同虚设。

对于第二个问题,理论界和司法实务界争议较大。笔者认为,该期限截至被特许人开始利用特许人的经营资源时比较适宜。因为,制定该条款的目的是防止被特许人在过于冲动的情况下盲目缔约,而不是为被特许人提供一个试营业的机会。该条款虽然体现了对被特许人利益的倾斜,但是这种倾斜应当有一定限度,不应当不恰当地损害特许人的合法权益。被特许人接受并实际利用了特许人的经营资源,表明其已经在积极地投入履行,在此种情况下,如果仍然允许被特许人行使该条款下的单方解除权,则对于特许人而言其经营风险被不恰当地扩大了,对被特许人而言则获得了不合理的利益。任何商业经营都有失败的风险、任何合同都有违约的可能,试图依靠较长期限的"冷静期"帮助被特许人规避合同风险,是不现实的,也是该条款的功能所无法实现的。对于特许人而言,如何做才能既符合《条例》规定,同时又不损害自己的合法权益?笔者认为特许人与其消极逃避,不如主动在特许经营合同中明确约定3~7天的冷静期。

(五)特许经营合同的撤销和解除

1.典型案例

2009年6月原告吕某某与被告签订一份《单店特许经营合同》约定,被告同意授权原告以特许经营方式在深圳市新洲吉之岛二楼专柜使用被告的"某丑"品牌及与品牌相关的形象,并享有经营被告所提供的以"某丑"品牌

---

① 北京市第二中级人民法院民五庭:《特许经营合同中的若干法律问题研究》,载《法律适用》2010年第2期、第3期。

为主的产品的专卖权利;原告为获得被告的上述授权,一次性向被告支付加盟金人民币5000元,加盟金为被告授权原告使用并经营“某丑”品牌的特许费用,该加盟金在合同期限内不予返还(无论是否存在提前终止合同的情况)。该合同还对专卖场所的装修要求作了具体约定:某丑系列婴儿用品专卖场(包括专卖店和专柜)是指经被告授权后原告使用“某丑”品牌及其相关的视觉形象(包括但不限于:店面设计方案、产品陈列、装修物料及工艺标准等)设计装修的、原告自行经营的、自负盈亏的、专门经销被告提供的产品的专卖场所。专卖场所的设计规划应按照以下原则进行:被告根据原告提供的专卖场所的实地状况等资料,为原告提供免费的全套专卖店设计装修方案,原告应严格按照被告提供的专卖场设计装修方案、装修物料、工艺进行装修、施工。未经被告书面同意,原告不得修改上述方案材料及工艺标准。装修完工后专卖场所须经被告验收后方可开业,未经被告验收认可的卖场不属标准店,经整改后方可开业经营。其后,原告发现被告提供其经营场所为商场散架,而非合同约定的深圳市吉之岛二楼专柜,据此要求解除合同,并请求被告返还加盟金、首批进货款并支付违约金。①

2. 商业特许经营合同的解除

根据我国《合同法》规定,原告要求解除合同的理由主要是被告在合同履行过程中违约,导致合同目的无法实现。《条例》增加了两条关于特许人解除合同的规定,即第12条的单方解除和第23条第3款的法定解除。上述案例中的被告实际向原告提供货架,与合同约定的专柜是完全不同的经营场所,直接影响原告经营收入,属迟延履行主要债务,经原告催告后在合理期限内仍未向原告交付符合合同约定的适合专柜经营的场所,原告有权根据合同法的规定解除合同。《条例》规定的被特许人单方解除权在前文中已专门分析,此处不再赘述。至于《条例》第23条规定的法定解除权,在司法实践中也十分常见,值得注意的是法院在适用法定解除权时一般持谨慎态度,并非只要特许人隐瞒有关信息或提供虚假信息就一定认可被特许人的法

① 参见深圳市福田区人民法院(2009)深福法知产初字第231号民事判决书。

法院在适用法定解除权时一般持谨慎态度，并非只要特许人隐瞒有关信息或提供虚假信息就一定认可被特许人的法定解除权，通常还需加上“致使合同目的无法实现”的条件。

定解除权，通常还需加上“致使合同目的无法实现”的条件。在上述案例中，深圳市福田区人民法院据此判决原被告双方的合同解除。

3. 商业特许经营合同的撤销

当事人要求撤销合同的理由主要是被告存在欺诈，被特许人经常援用特许人未如实披露的信息，从而请求撤销特许经营合同。关于欺诈，法律规定有两个条件：一是故意告知对方虚假情况，或者故意隐瞒真实情况；二是对方当事人因此作出错误意思表示。合同的撤销与解除是两种不同的救济途径，导致合同撤销的事由在合同成立时即已存在，而且是法定事由；导致合同解除的事由一般是发生在合同成立以后，既可以是法定事由也可以是约定事由。《条例》第23条第3款未区分隐瞒有关信息或者提供虚假信息的行为发生在合同签订前还是在合同履行过程中，有意加大了对被特许人的保护。合同撤销与解除的法律后果也不同。合同的撤销具有溯及力，被撤销的合同自始无效，因该合同取得的财产，应当予以返还；不能返还或者没有必要返还的，应当折价补偿，有过错的一方还要承担缔约过失责任。合同的解除一般没有溯及力，合同解除后，尚未履行的，终止履行；已经履行的，根据具体情况采取补救措施，违约方要承担违约责任或者侵权责任。另外，还有一点需要说明，特许经营合同都有一定的期限，如果法院在判决时合同期限已经届满，就没有必要再判决解除合同，因为合同效力已经自然终止了。但当事人要求撤销合同，符合撤销条件的，仍应当判决撤销，因为撤销使合同自始无效并否定合同存在的意义，是否期限届满在所不问。

4. 特许经营合同无效、撤销、解除后的法律后果

特许经营合同无效、被撤销或者解除后，一般都会涉及财产的返还和赔偿损失两种责任形式。对于特许人而言，一般应当返还其经收取的加盟费、保证金等各种费用，对于被特许人而言，一般

应当返还其收到的产品、设备等物品。

(1)特许权使用费的返还

被特许人支付特许权使用费的对价是获取特许人的特许权。在合同无效和被撤销的情况下,特许权使用费应当全部返还。在合同解除的情况下,解除前合同的履行是有效的,因此,特许权使用费的返还应当按照实际经营期限与约定经营期限进行折算。没有约定经营期限的,综合考虑合同的订立和履行情况、实际经营期限、双方当事人的过错程度等因素,酌情确定特许权使用费的返还比例。

(2)保证金的返还

特许经营中的保证金,商务部《商业特许经营管理条例》第 14 条中的定义是为确保被特许者履行特许经营合同,特许人向被特许人收取的一定费用。合同到期后,保证金应退还被特许人。显然,收取保证金的目的是担保合同的履行,但这种担保形式与通常所说的定金有所不同,差别在于不能适用"定金罚则"。

(3)赔偿损失问题

特许经营合同被认定无效、撤销或者解除后,过错方给对方造成损失的,对方享有损害赔偿请求权。损害赔偿的范围一般应当包括无过错方为订立合同以及履行合同产生的直接损失,如被特许人为履行合同而支出的广告宣传费用、租房装修费用、员工工资等费用。合同解除前特许经营合同已经履行一段时间的,上述费用应视情况按照实际经营期限与约定经营期限进行折算。在司法实践中,受损一方要就其损失承担举证责任,否则将承担不利后果。

五、特许经营合同纠纷处理的社会效果反思

(一)尽量争取调解,达到"案结事了"

特许经营合同纠纷案件的调解工作具有大于一般合同纠纷的难度。具体体现在特许经营双方利益的尖锐对立:被特许人急于挽回其投资损失,特

许人则坚决维护其特许经营体系。调解不成，在判决作出后，其他被特许人往往闻风而动，引发系列案件，而特许经营体系往往在一夜之间分崩离析，特许人则选择下落不明逃避法律责任，致使被特许人胜诉不胜算，利益得不到维护。因此，笔者认为，为妥善解决特许经营合同纠纷，化解特许经营矛盾，法院在审理特许经营合同纠纷案件中应当着重加强诉讼调解工作。一方面，通过对特许双方进行法律释明，促使双方增强规范意识；另一方面，帮助双方增进沟通，奠定进一步合作的基础。同时，法院应当强化司法职能的延伸，结合具体案例做好司法宣传工作，教育特许人规范其特许经营行为，引导被特许人增强法律意识，降低加盟风险。

（二）注重利益平衡，实现公平正义

我国《合同法》中没有规定特许经营合同，特许经营合同不是有名合同；《条例》有的条款仍显宽泛，如特许人不（适当）履行《条例》规定或特许经营合同约定的义务以及损害被特许人利益，如擅自终止合同或终止合同不给予被特许人赔偿等条款，《条例》也没有具体的制约性规定，这对规范特许经营，保护受许人权益也是力所不及。而民法、合同法的基本原则和合同的保障制度提供了在当事人实力相当、地位平等时的保护机制，这些原则和制度是在交易双方或者合同双方经济力量平等或势均力敌的场景下，共同协力公平保障合同双方当事人权益。而特许经营合同中的双方实力是不对等的，特许人凭借其拥有的知识产权控制受许人，受许人依赖于特许人，实际中法律的理性对受许人的保护往往显得力不从心。因此，司法实践中不仅要注意特许经营合同的书面文字条款，也要关注特许经营关系赖以存在的特有事实和运行背景，从此视角来观察特许经营合同，则特许经营合同不仅仅是双方当事人的合意（书面合约），还包括构成合同的背景事实，如行业惯例、交易习惯、当事人的经济实力和地位身份以及当事人的履行过程，等等。将当事人的合意与这些背景事实结合考虑，才能真正实现合同的实质公平和实质正义，公平地保护受许人。以这样的视角来裁判特许经营合同纠纷，可以得到较公平的裁决结果。

视频深层链接聚合平台著作权侵权责任认定

一、引　　言

链接是指从一个网页指向一个目标的连接关系。网络经营者利用链接技术，将各网页甚至是各网站的信息内容连接在一起，以实现信息资源共享的目的，极大地方便了上网用户。可见，链接功能是网络的核心功能，是体现互联网自由与共享价值的关键要素。自由链接已成为网络空间的表达习惯，而法律对网络链接的规制，也已经被上升到影响信息获取自由、言论自由或商业经营自由的高度。因此，网络链接的版权责任并非简单的技术性问题，而是关系互联网基本秩序的重大问题。[①]

以链接的技术特征和使用效果为标准，链接可以分为普通链接和深层链接。普通链接是指设链者在其网站上直接显示普通链接的标志，设链者的网络用户能够清楚地知道设链者的网页或网站同其他网页或网站建立了链接，并且能够通过点击普通链接标志指令浏览器访问被链接对象。而深层链接是指设链者将被链接对象的网址“埋”在自己的网站或网页中，成为自己网页的一个组成部分，可以在网页初次下载时就导引浏览器去连接对象所在服务器自动获取所链信息。由于在浏览器的地址栏里不显示被链接的网址，设链者的网络用户并不一定知道设链者网站或网页同其他网站或

① 参见崔国斌：《加框链接的著作权法规制》，载《政治与法律》2014 年第 5 期。

网页建立了链接。[①] 在深层链接技术的运用下，网络用户所浏览的该内容在设链者所控制的页面或客户端呈现，但实际上该内容并非存储于设链网站，而是存储于被链接网站。

随着互联网技术的发展和商业模式的创新，利用深层链接聚合技术聚合各大网站优质视频的软件产品不断涌现。聚合平台是将分散在各网站的视频内容集中起来，让用户在一款产品中就可以观看到腾讯、优酷土豆、爱奇艺、乐视、搜狐等各大视频服务商的资源，典型的聚合平台产品如TV端机顶盒、手机APP软件等产品。这类产品的出现给广大著作权人带来了很大的困扰，纷纷将此类平台以著作权侵权为由诉诸法院。这类案件给我国目前的著作权法律制度带来了巨大挑战。技术的发展必然要求知识产权法律制度对其作出回应，要求知识产权法特别是著作权法对因新的传播方式和新商业模式的发展而产生的利益关系给予重新审视和平衡。为此，我国各地法院在这一领域中进行了积极的尝试与探索。

二、涉及深层链接聚合技术的著作权纠纷案件的特征

目前，涉及深层链接聚合技术的著作权侵权纠纷案件主要集中在网络著作权保护最前沿的北京、上海、深圳等城市。福田区作为深圳市中心城区，不少TV端机顶盒的生产厂商聚集于此，自2013年起，深圳市福田区人民法院集中受理了大批涉及TV端机顶盒生产厂商的著作权侵权案件，共计47宗。此类案件的类型和特征主要有以下几个方面。

（一）设备的基本工作原理

此类TV端机顶盒的基本工作原理为：用户在设链者编辑整理的页面操

① 参见深圳市中级人民法院知识产权庭：《网络环境下侵害著作权纠纷案件的调研报告》，载最高人民法院民事审判第三庭编：《知识产权审判指导》（第19辑），法律出版社2012年版，第116页。

作点播,在点播过程中通过定向搜索若干个预置好的网站,利用深层链接技术直接截取被链网站的视频流,实现被链内容在设链者页面或播放器中的播放。为了达到搜索结果的快速与精准,此类机顶盒的搜索范围并未覆盖全部网络,而是人为作出限制,仅限于用户经常访问的几大视频网站,其对搜索结果还会进行筛选和编辑,甚至向用户推荐内容。而且在视频播放时无须跳转至原网页,也不会像浏览器一样在页面顶端显示被链接网站的网址。

(二)被链接影视作品的海量性

为了吸引用户,提升用户体验,这类影视聚合平台会将海量的电影、电视剧、综艺节目等内容汇集起来,并通过分类索引进行检索。由于此类 TV 端机顶盒聚合的影视资源多达几百部甚至上千部,各影视作品的权利人往往授权其信息网络传播权的独家被许可人进行维权,集中起诉该机顶盒的生产商。同时,某一影视作品往往存在于多家被链网站,被链接的作品往往同时来源于多家网站。

根据被链接内容是否获得合法授权为标准,此类纠纷可划分为两类:一类是被链接内容未获得权利人授权,因被链网站的经营者构成著作权直接侵权,那么机顶盒的经营者可根据著作权间接侵权理论以及避风港原则来认定其是否构成间接侵权,此种情形下的著作权侵权认定并不存在法律上的障碍,争议不大,故不在本文讨论范围之内;另一类是被链接内容已获得合法授权,此时机顶盒的经营者的责任认定不存在著作权间接侵权理论的适用空间,其是否构成信息网络传播权的直接侵权则成了著作权法中的难点所在,此种类型正是本文探讨的情形。

(三)社会关注度高

此类纠纷之所以受到社会的高度关注,主要有三个方面的原因:一是深层链接聚合平台的侵权责任认定直接影响著作权人的实质利益,也直接影响被链网站的竞争利益,受到影视业、音乐界、新闻传媒业以及各大型网站的密切关注；二是此类 TV 端机顶盒产品的基本工作原理即为深层链接聚合技术，因此，深层链接聚合平台是否构成侵权直接关系此类产品的合法性判定，其裁判结果甚至会影响这一行业的存亡；三是深层链接聚合平台的特点是链接各网站的视频资源，但本身并不存储视频内容，在是否构成直接侵权上适用服务器标准和用户感知标准会产生截然不同的结论。因此，这一定性问题再次引起了知识产权界长期存在的服务器标准与用户感知标准之争，受到了知识产权学术界和司法界的普遍关注。

三、涉及深层链接聚合技术的著作权纠纷案件的司法实践

如前所述，本文探讨的问题是以深层链接的方式聚合众多已获授权的视频作品是否构成信息网络传播权的直接侵权。围绕这一争议焦点，不同法院表现出不同的裁判观点。

（一）服务器标准的坚守

在华录 N1 播放器一案中，原告北京盛世骄阳文化传播有限公司取得了电影《越光宝盒》在中国大陆的独家信息网络传播权。被告北京华录北方电子有限责任公司系华录 N1 高清媒体播放器的生产商，第三人网视科技（杭州）有限公司为华录 N1 播放器提供软件技术服务和支持。将华录 N1 高清媒体播放器连接至电视机，开机后显示有“TargeTV 网视院线”的操作界面，下方的选择栏目显示“动漫、直播台、电视剧、电影、综艺、影吧、音乐 MV、播放器、互联网、搜索、设置、公开课”内容；点击“电影”，进入电影界面，该界面左侧为分类栏目，从上到下显示“电影/最新、热门、评分、高清/爱情、科幻、恐怖、喜剧、动作、剧情、惊悚/”；进入搜索界面，搜索涉案电影，该影片详情界面显示有影片宣传海报、导演、主演、影片内容简介等内容，并可在电视机上播放该影片，播放时影片左上角显示“搜狐视频 tv. sohu. com”水印。搜狐网站经原告授权，取得了涉案影片的非独家信息网络传播权。原告与被告

均认可涉案影片系华录N1播放器通过连接互联网,采用搜索链接方式,实现在电视上的在线播放。原告主张被告及第三人构成著作权侵权,要求立即停止侵权,连带赔偿原告经济损失人民币4万元。北京市石景山区人民法院一审认为,因被控侵权影片系来源于第三方视频网站,应确认被告不是涉案影片内容提供者而是网络服务提供者。华录N1播放器链接的涉案影片系由原告授权许可在线播放的第三方视频网站提供,故被告不具有主观过错,其涉案行为不构成对原告信息网络传播权的侵犯。被告实施的对被链接影片进行分类、提供影片简介和海报以及使被链接网站在涉案影片中投放的广告无法播放等行为,虽然不妥,但上述事实不能从实质上否定华录N1播放器系搜索、链接具有合法来源涉案影片的基本事实。故判决驳回原告的全部诉讼请求。原告对一审判决不服上诉至北京市第一中级人民法院,二审法院认为:网络服务提供者承担侵权责任的前提之一是其服务对象传播的作品未经合法授权。华录N1播放器链接的涉案影片系经原告授权许可在线播放的第三方视频网站所提供,《著作权法》并未赋予著作权人"链接"等权利,在第三方视频网站已经取得授权的情形下,涉案影片的权利人在本案中已权利用尽。故判决驳回上诉,维持原判。①

服务器标准。

可见,在华录N1播放器一案中,两级法院均严格适用服务器标准。所谓服务器标准是指只有将作品上传到向公众开放的服务器上的行为,才是信息网络传播权中的内容提供行为。按照服务器标准,由于被告和第三人并未上传涉案影片,故不属于提供作品内容的行为,不构成直接侵权。而被链接的作品系经合法授权,故被链网站不存在直接侵权行为,被告和第三人的行为亦不可能构成间接侵权。

① 参见北京市第一中级人民法院(2014)一中民终字第4852号民事判决书。

(二)服务器标准的变通:举证责任分配

在"央视诉百度公司"一案中,原告央视网是涉案作品2012年《春节联欢晚会》的专有使用权人。在2012年春晚直播期间,央视网发现网络用户在百度公司网站的页面下可以直接观看该作品的"直播"。央视网认为百度公司该行为构成对其著作权的侵犯,要求百度公司赔偿人民币100万元经济损失和人民币5万元合理开支。被告百度公司认为该实时转播内容系来源于与其在百度应用平台项下合作的搜狐网站,其仅为搜狐网站的实时转播行为提供了搜索链接服务。百度公司使用了i-frame技术使用户在搜索结果页面上可以直接展示被链接网站的视频,而无须进入被链接网站的页面。北京市海淀区人民法院一审认为,因在公证书中显示涉案春晚视频播放图标旁边显示"来自搜狐视频",且视频播放的画面顶部显示"搜狐视频2012年央视春节联欢晚会直播",画面右上角显示"搜狐视频直播",搜狐公司亦认可其通过百度应用开放平台提供了涉案春晚的在线直播,故百度公司"百度一下"搜索结果中播放的春晚系由搜狐公司提供,被告并未侵犯原告对涉案春晚的著作权,故判决驳回原告诉讼请求。原告不服上诉至北京市第一中级人民法院,二审法院认为,虽然在"搜索结果"及"播放界面"中有"搜狐视频"的标注,但鉴于"搜索结果"中的这一标注系由百度网站自行标注,具有易修改的特性,无法当然证明该视频来源于搜狐网站,而"播放界面"中的这一标注仅能证明百度网站中所播放的春晚节目来源于搜狐网站,但却并不能当然地证明其仅系对搜狐网站中所播放的春晚实时转播提供了搜索链接服务,亦可能是直接截取了搜狐网站春晚视频的数据流并在其服务器上转播,据此,现有证据显然难以证明百度公司仅提供了搜索链接服务。法院认为,对于运用涉案i-frame这一技术类型提供的搜索链接服务应设定相对较高的举证标准,体现为设链网站应提供被链接内容的"网络绝对地址",且网络用户点击该地址应可获得涉案内容。但百度公司并未提供这一"网络绝对地址",故其未举证证明其提供的是搜索链接服务。原告主张被告直接提供了春晚网络实时转播的主张成立，法院判令被告构成著作权直接侵权。①

由央视诉百度案可以看出，法院在坚持服务器标准的基础上通过举证责任的分配加重了服务商的举证责任。在著作权人没有能力分辨网络服务商提供的是作品还是仅仅提供网络服务时，由权利人基于用户感知标准的初步证据推定服务商提供了作品，再将举证责任分配给服务商，由其举证反驳，并对服务商设定了较高的举证标准，并强调事先披露真实来源的重要性。这一证明标准实际上赋予了用户感知标准很强的推定效力，加大了服务商提供反驳证据推翻的难度。这一做法实际上是在坚持服务器标准的框架下对用户感知标准的变通适用。虽然这一判决结果维护了著作权利人的利益，但这种判决思路已经无法满足现实的需要，因为越来越多的深层链接聚合平台可以明确指出视频内容来源于第三方网站。

（三）服务器标准的突破：实质替代原则的尝试

在北京爱奇艺科技有限公司诉上海幻电信息科技有限公司侵害信息网络传播权纠纷一案中，原告经授权取得电视剧《悬崖》的独家信息网络传播权。原告发现哔哩哔哩网（www.bilibili.com）及客户端播出了涉案电视剧，被告系哔哩哔哩网的经营者。该网站的注册用户可以将新浪、优酷、腾讯网上的视频投稿到哔哩哔哩网，供他人观看和评论。具体过程为：用户将该视频所在播放页面的网络地址复制或填写到被告网站的投稿页面，并填写标题、标签等信息，被告网站内部软件根据该地址提取视频在其所在网站的代码，用户亦可直接提取代码。随后，被告网站根据该代码向视频所在网站服务器发送请求，并根据视频所在网站服务器的回复，提取视频文件数据在被告网站的播放器中进行播放。通过 LIVE HTTP HEADERS 插件查看被告网站所播放的投稿视频的访问地址，显示为视频源地址，而非被告地址。被控侵权的视频来自乐视网，其在乐视网上播放页面的网络地址由被告网站用户“洛邑九别”提供，其于 2014 年 7 月 6 日上传该链接。上海市浦东新区人

① 参见北京市第一中级人民法院（2013）一中民终字第 3142 号民事判决书。

民法院一审认为，被告所提供的服务，从其性质、目的来分析，均已远远超出了传统的类似搜索引擎的链接服务，其已经不再是或者说不仅仅是为了帮助用户定位信息，而是为了有选择性的使用户在被告网站上能够直接观看相关视频内容，但被告在事实上却从未取得视频权利人的授权；从结果上来看，用户通过被告网站可以不经由被链网站的界面直接观看该视频，被链网站存储该视频的服务器在此阶段已形同被告所控制的远程服务器，且为被告所免费使用，被告网站已经在实质上替代了被链网站向公众传播作品。虽然被告未直接上传涉案电视剧视频到其服务器，但其对链接服务实施了人工干预，并使其用户具有了在个人选定的时间或地点获得涉案电视剧的可能性，故应当认定被告实施了提供作品的行为，已侵害权利人对作品所享有的信息网络传播权，故判决被告立即停止侵权、赔偿经济损失人民币15,000元及合理费用人民币3000元。[①] 该案一审判决后，双方均未提起上诉。

在深圳市福田区人民法院审理的原告西安佳韵社数字娱乐发行有限公司诉被告深圳市杰科电子有限公司侵犯作品信息网络传播权纠纷一案中，原告经授权取得电视剧《天涯明月刀》的独家信息网络传播权。被告生产销售了杰科高清网络电视机顶盒GK－HD125，将杰科机顶盒连接至电视机并连接互联网，打开电视机和机顶盒，其"点播"栏目页面显示左部有电影分类，依次排列为全部、动作、喜剧、爱情、冒险、文艺、惊悚等，右上部为各电影海报、右下部有"优酷""PPTV""sohu""M1905""收藏"图标，底部有"网站导航""影片分类导航""转到我的收藏""添加至收藏""放大到指定页""播放""搜索"选项；在"搜索"栏搜索到电视剧"天涯明月刀"，页面显示有天涯明月刀海报、主演名称及选集播放列表，并可以播放该电视剧。原告认为，视频播放页面显示有搜狐视频水印，认为涉案影片实际播放来源于搜狐网的服务器。被告认为，其通过使用抓包工具wireshark分析，被控侵权电视剧最终播放地址来源于PPTV网站。而搜狐网和PPTV网均获得了该电视剧信息网络传播权的非独家许可授权。被告曾在另案中对同一台机顶盒播放

① 参见上海市浦东新区人民法院(2014)浦民三(知)初字第1135号民事判决书。

的影视作品来源进行数据分析和技术鉴定，鉴定结论显示该机顶盒播放其他影视作品时系来源于第三方网站，原、被告均认可该鉴定结论适用于本案中。深圳市福田区人民法院一审认为，涉案播放器对于涉案电视剧进行搜索时，搜索结果有限，且播放器内置视频软件对于搜索的结果进行分类排序，同时提供电视剧海报；播放涉案电视剧时未发生页面跳转，来自不同搜索结果的播放界面及操作框均相同。正常的通过链接搜索的功能获得的结果应当是多项，且未经编辑整理，上述情形不符合通常意义上的搜索链接服务的基本特征。涉案播放器抓取的不是被链接网站的网址，而是对第三方网站存储作品的地址进行深层链接，认定被告对提供的电视剧链接实施了筛选和编排，向播放器用户提供定向搜索链接服务。当播放器用户在搜索栏内搜索相关视频时，播放器内置软件通过技术手段定向抓取被链网站的视频文件数据在播放器中播放，此时不显示被链网站的任何信息和广告，使用户认为该视频直接来源于播放器。因此，被告生产的涉案播放器所提供的服务，已经不再是为用户提供定位信息服务，而是通过其选择使播放器用户直接观看相关视频内容，被链网站存储视频的服务器在此时已形同被告所控制的远程服务器，被告生产的播放器实质上替代了被链网站向公众传播作品，故应当认定被告实施了提供作品的行为，侵犯了原告的信息网络传播权。故判决被告立即停止侵权、赔偿损失。

在上述两个案例中，法院均以实质替代原则对服务器标准进行了突破，这一做法未拘泥于服务器标准的限制，更多是从著作权的基本目标和价值取向出发，回归深层链接聚合行为的本质和不当性，认定这一行为直接侵犯了著作权人的信息网络传播权。

实质替代原则。

四、对深层链接聚合行为重新定性的思考

（一）可归责的路径选择

在目前的知识产权法律框架下，对深层链接聚合行为进行法律归责可以通过不正当竞争、破坏技术保护措施和直接侵害信息网络传播权的路径，下文对此逐一进行分析：

1. 不正当竞争的途径

由于聚合平台与被链网站为同业竞争者，聚合平台在自己页面或播放器内直接展示被链网站的视频内容，使用户在聚合平台观看作品内容后无须再进入被链网站，而且视频网站的收入主要来源于广告，而聚合平台通常会通过技术手段对片头广告进行屏蔽，这就导致取得合法授权的被链网站用户群体流失，进而损害被链网站的盈利或收益，破坏了网络视频市场的竞争秩序，被链网站可以通过不正当竞争的途径主张权利。但对于著作权人而言，其与聚合平台并不存在直接的竞争关系，其通过不正当竞争主张权利存在明显的法律障碍。

2. 破坏技术保护措施的途径

根据《中华人民共和国著作权法》第48条第6项的规定，未经著作权人或者与著作权有关的权利人许可，故意避开或者破坏权利人为其作品采取的保护著作权或者与著作权有关的权利的技术措施的，构成著作权侵权。影视作品原始著作权人在授权时一般都会禁止被授权网站以合作或链接等方式将涉案电视剧许可给第三方使用。被授权网站为了保护其市场地位、培养自己的用户，亦为履行其与原始著作权人约定的授权使用合同义务，有些被授权网站会采取相应的技术保护措施以防止视频内容被别人抓取。例如，优酷网就在其网站主页刊登了《关于反盗版和防盗链等技术措施声明》，声明其对网站内的视频采取了必要的反盗版和防盗链等技术措施，他人不得以任何方式（包括但不限于盗链、冗余盗取等方式）直接或间接地盗取相关视频内容。在这种情形下，如果被告以故意破坏技术保护措施的方式未

经被链网站许可对于视频内容进行链接,则应承担相应的著作权侵权责任。但这种救济途径主张权利的主体仅限于被链网站,而且也仅适用于被链网站采取了技术保护措施的情形,如被链网站未采取相应的技术保护措施,或者对他人链接行为采取放任或默许的态度,则著作权人的损失无法通过这一途径得到救济。

3. 直接侵害信息网络传播权的途径

由此可见,无论是不正当竞争还是破坏技术保护措施的途径都无法给予著作权人有效的救济,而著作权人却是深层链接聚合行为的最大损害方。无疑,以著作权直接侵权的方式归责于深层链接聚合平台对著作权人的保护最为有利。而这一定性面临最大的障碍则是目前较为流行的服务器标准。但面对新技术新形势,坚持服务器标准的做法确实需要重新进行梳理和思考。

(二)直接侵害信息网络传播权的认定

根据《中华人民共和国著作权法》第 10 条第 12 款中对“信息网络传播权”的定义,信息网络传播权是指以有线或无线方式向公众提供作品,使公众可以在其个人选定的时间和地点获得作品的权利。《最高人民法院关于审理侵害信息网络传播权民事纠纷案件适用法律若干问题的规定》第 3 条规定,通过上传到网络服务器、设置共享文件或者利用文件分享软件等方式……或者其他方式获得的,人民法院应当认定其实施了前款规定的提供行为。可见,认定是否构成直接侵害信息网络传播权的行为关键是对“提供作品”的界定。但无论是信息网络传播权的定义还是最高人民法院司法解释中有关“提供行为”的解释,都无法得出实施信息网络传播权控制的行为需要将涉案作品上传至服务器的结论。实际上,上述最高人民法院司法解释第 3 条已对服务器标准有所突破。最高人民法院在对该司法解释制定过程的介绍中也提道:“随着技术的发展,不经过服务器的存储或中转,通过文件分享技术等方式也可以使相关作品置于信息网络之中,以单纯的服务器标准技术标准界定信息网络传播行为不够准确,应将信息网络传播行为作广义的理解。”①可见，服务器标准并非是法律意义上界定“提供行为”不可逾越的必要条件。

关于深层链接聚合行为，笔者主张应将其直接认定为“提供作品”的行为，直接侵害了著作权人的信息网络传播权。

首先，从其行为特征来看，该行为进行了定向搜索、抓取、解析和传递视频地址的行为，虽然视频流是从被链网站的服务器上发出的，设链网站没有复制、上传内容，但此时被链网站存储该视频的服务器已形同设链网站所控制的远程服务器，设链网站所设置的链接只不过是其向公众传播作品的一个环节、一个手段而已，设链网站对整个信息网络传播过程起到了主导作用，已经在实质上替代了被链网站向公众传播作品。

其次，从其行为目的来看，视频聚合平台采取这一技术手段和商业模式的目的在于商业化盈利，其本身不需支付高昂的著作权授权使用成本，而其向已获得授权的各大视频网站设置定向深层链接的成本极低。视频聚合平台以极小的成本获得了巨大的商业利益，等于不劳而获。

最后，从其行为后果来看，原始著作权人不仅是从终端用户中获益，更重要在于著作权人对作品传播的控制以及从作品传播中获益。在当今互联网时代，网络传播是其获得商业利益的核心。对于影视作品的原始著作权人而言，其制作影视作品的投资成本巨大，原始著作权人需要通过向各大视频网站收取高昂的授权许可费用来获得回报。如著作权法对深层链接聚合平台的经营模式不加以规制，必将会使越来越多的视频网站从事这一经营模式，从而使原始著作权人对外授权许可的利益落空。可见，深层链接聚合行为在本质上是削减了著作权人对其作品的传播控制能力，对合法传播行为产生了市场替代的作用，严重损害了著作权人的传播利益。长此以往，必然会挫伤原始著作权人的创作积极性，不利于激励创作，最终不利于网络内容的丰富，影视网络传播领域的正版化更难以为继。

---

① 王艳芳：《〈最高人民法院关于审理侵害信息网络传播权民事纠纷案件适用法律若干问题的规定〉的理解与适用》，载《中国版权》2013 年第 1 期。

五、结　　语

著作权法总是处于应对新技术发展的各种挑战之中。面对新技术发展而衍生的新的商业经营模式,无论采用何种技术形式,我们均应考察其行为本质,不断调整与完善著作权法的制度设计。唯有如此,才能维持著作权领域版权保护、技术发展和信息传播的利益平衡,实现版权法的立法意旨,规范互联网的发展。

商标间接侵权审判实践若干问题探究

一、开展商标间接侵权调研的背景

(一)深圳市福田区人民法院开展商标间接侵权调研的背景

自2008年1月1日获得部分知识产权民事纠纷案件管辖权起,福田区人民法院经过3年多时间的探索和积累,知识产权审判工作已初显成效,成功审理了一批疑难典型案件,充分发挥了司法保护在保护创新、支持创造方面的作用。而福田区作为深圳市中心城区,是深圳的行政、文化、信息、国际展览、商务和金融中心,在以华强北与天安数码城为代表的产品交易集散地的带动下,商标侵权纠纷呈多发态势,尤其是2010年以来涌现出一批商标间接侵权纠纷,为审判工作带来了极大挑战。由于我国商标法中尚未确立间接侵权制度,理论上也未确立商标间接侵权的规则,在司法实践中对商标间接侵权的认定亦没有达成共识。

(二)深圳市福田区人民法院商标间接侵权案件审理基本情况

1. 收结案情况

截至2011年10月,深圳市福田区人民法院共受理商标间接侵权案件56宗,已审结48宗,其中以撤诉方式结案14宗,以调解方式结案12宗,以判决方式结案22宗。

2. 深圳市福田区人民法院受理的商标间接侵权案件特点

(1)案件增长快,类型集中。从2010年1月到2011年10月,深圳市福田区人民法院共受理该类案件56宗,占商标类纠纷案件的18%。主要集中在两种类型:一是市场管理者商标间接侵权51宗;二是搜索引擎竞价排名间接侵权5宗。

(2)诉讼程序冗长,审理难度大。在市场管理者间接侵权案件中,通常需要追加作为实际经营者的二手甚至三手承租人参加诉讼的情形,诉讼程序久拖不决;而竞价排名间接侵权案件更是涉及多方当事人之间的利益平衡,侵权事实的认定难度较大。

(3)社会关注度高。商标间接侵权案件之所以如此受人们关注,主要有三方面原因:一是案件内容具有新颖性,涉及的事项与日常百姓的生活非常贴近;二是被告在社会上属于知名企业,具有较大的社会影响力;三是责任承担主体的认定、侵权责任的分配等问题始终处于争论中,没有定论。

二、商标间接侵权规则确立的必要性

(一)商标间接侵权的概念

知识产权领域"间接侵权"的规则主要来源于侵权行为法上的一项基本原则:即在明知某种行为构成侵权,而仍然教唆、引诱他人去实施这种行为,或者对他人的这种侵权行为提供实质性帮助的,应当对侵权后果承担责任。[①] 间接侵权可以说是在直接侵权发生情况下的关联行为,构成间接侵权的行为本身并不在权利人专用权的控制范围内。法律将之界定为商标侵权是出于适当合理扩大知识产权保护范围的政策考量以及该行为的可责备性,在明知特定行为构成侵权的情况下对这种行为实施教唆、引诱或予以帮助,行为人主观上的过错是明显的,而且其行为与损害结果之间存在因果关

---

① See Fowler Harper, "Fleming James & Oscar Gray", *Restatement of the Law, Second, Torts*, Little Brown and Co, 1986, pp. 416 – 429, 876 – 877. The Law of Torts (2nd Edition), § 10.1, § 26.1 – 26.3.

系，要求行为人承担责任是合理的。目前，我国法律并没有对间接侵权行为进行明确定义，有学者将知识产权领域间接侵权的定义概括为：没有实施受知识产权专有权利控制的行为（没有实施知识产权直接侵权），但故意引诱他人实施直接侵权，或者明知或者应知他人即将或者正在实施直接侵权时为其提供实质性帮助以及在特定情况下直接侵权的准备和扩大其侵权后果的行为。[①] 这一定义基本上总结了知识产权间接侵权的含义。

（二）间接侵权理论在商标侵权案件中的价值分析

直接侵权制度是在特有的时代背景下，为了满足特定的目标，保护特定的权益而建立的。在当时的社会环境以及科学技术水平下，其能很好地解决相关商标侵权纠纷，较妥当地保护商标权人的利益。然而，随着经济快速增长，商业活动的日趋繁荣，各种新型的商标侵权纠纷层出不穷，“朝外门购物商场案”“秀水街案”以及以各大知名搜索网站为被告的“上海大众搬场案”“绿岛风案”等案件走进我们的视野，引起了较大的社会关注。究竟怎样认定此类案件中被告的行为，如何界定这类型案件的性质，始终都处于争论中，这也说明，按照我国目前的法律规定和原则无法妥善地解决这类问题。

在市场管理者的商标间接侵权案件中，商标权人运用法律手段维护自己的合法权益，但是由于经营场所内商户数量多，并且有的商户随时可能搬走，或者赔偿能力不足，逐个追究他们的商标直接侵权责任很难得到救济，因此商标权人转向经营市场管理者，要求其为各商户的侵权行为承担间接侵权责任。市场管理者是否该承担义务、该承担何种类型的义务以及义务的来源为何？司法实践给出了不同的答案：（1）事前审查义务，北京市高级人民法院在“百荣世贸案”中认为，“根据工商行政管理的相关规定，市场的经营管理者，负有严格管理，严格审查其市场内的经营者所经销的商品来源

---

① 参见王迁、王凌红：《知识产权间接侵权研究》，中国人民大学出版社 2008 年版，第 3 页。

和商标授权的真实合法有效证明文件的义务”;[1](2)事后审查义务,北京市第二中级人民法院在“朝外MEN购物商场案”中认为,市场经营管理者“不仅有权利而且有义务对该市场进行管理及对商户出售商品的种类、质量等进行监督,特别是应制止、杜绝制假售假现象”;[2](3)合理注意义务,北京市高级人民法院在“秀水街上诉案”中认为,市场经营管理者“负有对该市场存在的侵犯他人注册商标专用权的行为进行及时有效制止的义务”。[3] 三个案件事实近似,而认定标准悬殊,有学者认为各经营市场知识产权收益的不同决定着他们负担的知识产权义务的不同,因此会有不同的认定标准。[4] 笔者认为知识产权收益的多少可以作为确定赔偿数额的考量因素,但造成司法实践中判决迥异的关键原因还是商标间接侵权规则的缺失。

在“竞价排名”间接侵权案中,竞价排名用户通过自行选定竞价排名关键词、自行撰写链接标题及网站推广信息以及自行设定点击价格,影响搜索关键词与竞价排名用户网站网页的技术关联度,从而使竞价排名用户网站网页在搜索结果中排序优先。竞价排名服务是对自然搜索结果进行人工干预,是按效果付费的网络经营模式。有的竞价排名用户为了增加自己网站的访问量,将关键词设定为某知名商标,在用户输入关键词后,实际上在显著位置搜索到了竞价排名用户的链接地址,即使也显示商标权人的链接地址,但其排名却靠后。在此情况下,竞价排名用户的行为造成了消费者的混淆,无疑构成商标直接侵权,然而搜索引擎商的是否要承担相应的侵权责任,承担何种类型的侵权责任?司法实践亦给出了不同答案。在大众交通(集团)股份有限公司诉百度案(以下简称“上海大众搬场案”)中,上海市第

---

① 参见北京市高级人民法院(2008)高民终字第6号“艾尔弗雷德·邓希尔有限公司诉百荣世贸商城管理有限公司等上诉案”民事判决书。

② 参见北京市第二中级人民法院(2007)二中民初字第10177号“艾尔弗雷德·邓希尔有限公司诉百荣世贸商城管理有限公司等案”民事判决书。

③ 参见北京市第二中级人民法院(2006)二中民初字第2140号“路易威登诉北京朝外MEN购物商场商标侵权案”民事判决书。

④ 参见于波、王加瑞:《市场管理者商标间接侵权之过错认定》,载《山西警官高等专科学校学报》2011年第7期。

二中级人民法院认为,“由于竞价排名有偿服务要求用户在注册时提交选定的关键词,被告就有义务也有条件审查用户使用该关键词的合法性,在用户提交的关键词明显存在侵犯他人权利的可能性时,被告应当进一步审查用户的相关资质,被告百度上海在线具体办理上海地区的竞价排名服务,其应当知道‘大众’商标的知名度,但其没有采取相应的审查措施,未尽合理的注意义务,主观上存在过错,客观上帮助了第三方网站实施了商标侵权行为,并造成了损害结果,构成帮助侵权”;①在台山港益电器有限公司诉谷歌案(以下简称“绿岛风案”)中,广州白云区人民法院认为,“被告谷翔公司作为搜索引擎服务商对第三电器厂的网络信息不具备编辑控制能力,对该网络信息的合法性没有监控的义务,且在诉讼过程中已及时停止了对第三电器厂提供关键词的广告服务,因此,被告谷翔公司不构成共同侵权”;②在“绿岛风案”二审中,广州市中级人民法院认为,“谷翔公司作为广告的经营者,应对广告主第三电器厂作广告的内容负有审查义务,谷翔公司未尽审查义务有过错,构成帮助侵权”。③ 两个相同类型的案件,在司法实践中出现了两种不同的定性、在法院的一审中出现了完全相反的判决结果,这反映出商标直接侵权已经不能很好地解决竞价排名商标侵权案,必须通过商标间接侵权规则的确立来化解司法实践中的矛盾。

法律,特别是私法,作为人们日常生活行为规范的最低准则,从某种程度上来说就是为人们日常生活服务的。法律也应当是随着社会的发展而发展,随着人们需要的不断提升而不断演进。因此,面对越来越多的商标间接侵权纠纷以及司法实践中的种种困惑,笔者认为商标间接侵权理论的独立存在以及商标间接侵权立法的完善十分必要。

---

① 参见上海市第二中级人民法院(2007)沪二中民五(知)初字第147号“大众交通(集团)股份有限公司、上海大众搬场物流有限公司诉北京百度公司讯科技有限公司等侵犯商标权纠纷案”民事判决书。

② 参见广州市白云区人民法院(2008)云法民三初字第3号“山港益电器有限公司诉广州第三电器厂、北京谷翔信息技术有限公司侵犯商标权纠纷案”民事判决书。

③ 参见台广州市中级人民法院(2008)穗中法民三初字第119号“山港益电器有限公司诉广州第三电器厂、北京谷翔信息技术有限公司侵犯商标权纠纷案”民事判决书。

三、市场管理者的商标间接侵权责任

目前，在商业经营场所中租用摊位的商户出售假冒商品的问题十分突出。深圳市福田区人民法院受理的商标侵权纠纷绝大多数都是此类案件。面临此类侵权，商标权人固然可以逐一起诉这些商户的直接侵权行为，但由于一旦侵权商户溜之大吉，或者缺乏经济赔偿能力，商标权人就无法得到充分的救济。鉴于此，部分商标权人将市场管理者诉至法院，要求其对商户的侵权行为承担连带责任。但是，由于无论是《民法通则》及其司法解释，还是《商标法实施条例》，其对间接侵权的规定都过于原则。在缺乏更详细的立法和司法解释的情况下，法官对何种行为构成“帮助他人实施侵权行为”“故意为侵犯他人注册商标专用权的行为提供便利条件”会产生不同的观点，从而使同样的案情出现不同的判决结果，从而影响法律适用的稳定性。

（一）典型案例介绍[①]

原告：新百丽鞋业（深圳）有限公司（百丽公司）

被告：深圳市嘉华小商品市场管理有限公司（嘉华公司）

林某

2011 年 2 月深圳市福田区人民法院立案受理百丽公司诉嘉华公司侵犯注册商标专用权纠纷一案，并追加林某为本案共同被告参加诉讼。原告诉称两被告在未取得原告授权情况下，以批发、零售的方式大量销售侵犯原告“teenmix 天美意”商标专用权的鞋类商品，严重侵犯了原告的商标专用权。原告于 2010 年 7 月 18 日在深圳福田区华强北嘉年外贸服装市场工艺街 9 号标有“奔图鞋业批发”字样的店铺公证购买了“百丽”女鞋 3 双、“天美意”女鞋 1 双及“TATA”女鞋 1 双，价款共计 660 元，当场取得收据及 POS 签购

① 参见深圳市福田区人民法院（2011）深福法知民初字第 318 号“新百丽鞋业（深圳）有限公司诉深圳市嘉华小商品市场管理有限公司等侵犯商标权纠纷案”民事判决书。

单各1张。2010年9月30日原告向被告嘉华公司发出《律师函》,称嘉华公司开办的“嘉华小商品市场”多个档口非法销售侵犯“BELLE”“teenmix天美意”等注册商标专用权的鞋类产品,侵犯了原告及丽华鞋业贸易有限公司的合法权益,要求嘉华公司收到函件后停止、制止侵权行为,并赔偿经济损失。2011年2月24日原告诉至本院;同年3月,深圳市福田区人民法院将原告诉状、证据及相关诉讼文书送达被告嘉华公司。2011年5月10日原告到深圳福田区华强北嘉年外贸服装市场工艺街9号标有“奔图鞋业批发”字样的店铺,公证购买了“STACCATO”“天美意”及“BASTO”鞋各1双,价款共计530元,当场取得收据及名片各1张。原告请求判令两被告立即停止侵犯原告商标专用权的行为,连带赔偿原告经济损失人民币50,000元,在《深圳特区报》除中缝以外的版面上刊登道歉声明,消除因其商标侵权行为给原告造成的不良影响并承担诉讼费用。

被告嘉华公司辩称:(1)原告诉称两被告共同侵权是不存在的,嘉华公司只是将铺位租赁给林荣加经营,并未从中获利。(2)嘉华公司没有销售侵权商品,与林某也没有共同侵权的意思联络,原告所谓损失与嘉华公司之间没有因果关系,不构成侵权。(3)原告基于租赁合同关系要求嘉华公司承担责任没有法律依据。(4)原告主张的损失没有有效证据证明,且明显过高。请求驳回原告要求嘉华公司承担责任的诉讼请求。被告林某未到庭参加诉讼,开庭时缺席。

法庭审理认为,被告林某未经原告许可,在其销售的女鞋上使用“teenmix”标识,足以导致相关公众误认其销售的女鞋系原告生产或与原告存在联系,侵犯了原告享有的上述注册商标专用权,应依法承担侵权责任。被告林某应立即停止侵权行为,并依法向原告赔偿经济损失。被告嘉华公司虽未直接参与被控侵权商品的销售,但其在收到原告发出的律师函,尤其在收到本案诉讼材料后,即应知道在其开办、管理的嘉华小商品市场内存在涉嫌侵犯原告注册商标专用权的行为,从而应对该涉嫌侵权的行为进行及时、有效的制止,但被告嘉华公司仍未采取任何有效措施,致使被控侵权店铺继续销售侵犯原告注册商标专用权的商品,主观上存在过错,客观上为被告林某的涉案侵权行为提供了便利条件，依法构成共同侵权，应根据其侵权情节承担相应的赔偿责任。据此，法庭判决被告林某立即停止侵犯原告新百丽鞋业（深圳）有限公司第1444064号注册商标专用权的行为；被告林某应于本判决生效之日起10日内向原告新百丽鞋业（深圳）有限公司赔偿经济损失人民币15,000元；被告深圳市嘉华小商品市场管理有限公司在人民币5000元的范围内对被告林某的上述债务承担连带清偿责任。

（二）争议焦点

市场管理者商标侵权纠纷案件争议焦点主要集中在两个方面：间接侵权的认定、侵权责任的分担。

1. 认定市场管理者构成“商标间接侵权”的构成要件

侵害知识产权赔偿责任的构成要件，按通说有四个：行为人实施了侵害知识产权的违法行为；权利人有财产损失；行为人的侵权行为与权利人的损失之间有因果关系；行为人有过错。[①] 市场管理者商标间接侵权作为商标侵权的一种，对于知识产权侵权的一般构成要件亦适用。

（1）违法行为。市场管理者行为的违法性在于为侵犯他人注册商标专用权的行为提供便利条件，而不在于场所出租或市场管理行为本身。这种便利条件的提供集中体现为未尽到合理的审查控制义务，这是一种以不作为的方式构成的违法行为。虽然我国立法上未对审查控制义务予以明确规定，但从法理分析可知，法律责任以法律义务的存在为前提。因此，要追究市场管理者的商标侵权责任，首先应该明确其法律义务的范围，然后在此基础上判断市场管理者是否违反了法律义务导致法律责任的承担。从《商标法实施条例》第50条第2项的表述可推知，立法者的意图在于规制为直接侵权提供便利的人，而并非直接参与商标侵权活动的人。[②] 因此，如何划定市场管理者义务的范围，阻却其提供便利的行为，是值得研究和探讨的。各

---

① 参见张玉敏主编：《知识产权法学》，中国检察出版社2002年版，第28页。

② 《商标法实施条例》第75条规定：“为侵犯他人商标专用权提供仓储、运输、邮寄、印制、隐匿、经营场所、网络交易平台等，属于商标法第五十七条第六项规定的提供便利条件。”

国一般将市场管理者的义务限定在审查控制的范围内，如德国、美国等国家。首先，对于市场管理者而言的审查义务，应该是当其获知有商标侵权行为发生于其经营的场地内后，有义务对此侵权行为进行核对与确认。当市场管理者对商标侵权行为有了相对确定的信息后，有义务审慎核查商品的真实性。当然，如果有关法律、法规或其他规范性法律文件中明确规定了市场管理者的某项主动核查义务，市场管理者应该遵守相关规定。北京秀水街一案的判决表明，场地市场管理者可能因为未能提供证据表明其已经执行执法机关制定的行政规范性文件而承担责任。其次，市场管理者的"控制"应分为两个层面来理解。市场管理者仅需在其义务的范围内对承租人的商标侵权行为进行控制。那么，市场管理者应控制到何种程度才能称得上是尽到了控制义务呢？笔者认为，只要市场管理者通过自己的行为使承租人不再因为其提供的场地或服务获得商标侵权的便利，就可以认为他已经履行了控制义务。最常见的控制能力来源于租赁合同和合同法的规定。一些谨慎的市场管理者在租赁合同或信息平台服务条款中明确提出，若承租人或网络平台使用者在市场管理者的场地内从事非法活动，市场管理者有权终止租赁合同或信息平台服务，根据合同，市场管理者此时完全有能力履行控制义务。而当租赁合同中并未列明此类条款时，市场管理者亦可依据《中华人民共和国合同法》第 94 条第 5 项规定，即法律规定的其他可解除合同的情形条款，依法解除租赁合同以尽其控制义务。

在上述"百丽案"中，被告嘉华公司在收到原告发出的律师函，尤其在收到本案诉讼材料后，即应知道其开办、管理的嘉华小商品市场内存在涉嫌侵犯原告注册商标专用权的行为，从而应对该涉嫌侵权的行为进行及时、有效地制止。但被告嘉华公司仍未采取任何有效措施，致使被控侵权店铺继续销售侵犯原告注册商标专用权的商品，是明显的"明知不作为"违法行为。

(2)商标侵权的损害事实

损害事实是一切侵权行为的必备构成要件。在司法实践中，商标权利人一般以公证购买的方式证明损害事实的存在。

(3)市场管理者违法行为与损害事实之间存在因果关系

侵权行为法中所规定的因果关系是指侵权行为人的违法行为与损害事实之间存在前因后果的必然联系。此因果关系是行为人承担侵权民事责任的必备条件之一。由于市场管理者提供侵权便利的行为具有辅助性,而辅助人、帮助人的共同侵权责任已为我国民事法律所确认,虽然市场管理者并未直接参与承租人的商标侵权活动,但只要市场管理者提供的便利与承租人的侵权行为交织在一起,共同对损害事实发生了作用,则足以认定因果关系的成立。上述"百丽案"中,被告嘉华公司虽未直接参与被控侵权商品的销售,但为被告林某的侵权行为提供了便利,对侵犯原告商标权的事实产生了作用,因此足以认定因果关系的成立。

(4)市场管理者的主观过错

我国立法中知识产权侵权之归责原则一般体现为过错责任原则。根据《商标法实施条例》第75条的立法精神,市场管理者商标侵权责任的认定须以市场管理者对侵权行为持"故意"的主观心理态度为前提。这里,市场管理者的"故意",需要市场管理者对承租人的侵权行为具有认知因素。即要求市场管理者明知或有充分理由应该知道承租人利用其出租物进行商标侵权活动。就深圳市福田区人民法院目前审理的该类案件,市场管理者针对其具有该认识因素的指控,提出的抗辩理由可归纳为以下几种:其一,有些市场管理者认为自己不是原告品牌的专家,对于假冒品没有足够的鉴别能力。其二,有些市场管理者主张自己与出租场地或市场之间保持了相当的距离,除收取租金外并没有机会与租户接触,使其充分认知租户的商标侵权行为。其三,有市场管理者认为自己对假冒行为的认知必须以租户或执法部门的明确告知为前提,等等。笔者认为,在司法实践中可根据个案中市场管理者的认知水平、注意义务、租赁期限等情况综合判定市场管理者是否有充分的理由应该知道承租人的侵权行为。如果市场管理者已认识到承租人利用其经营的场地销售假冒商品而无动于衷,则可能因为其"故意无视"而被判承担连带责任。在"秀水街案"中,北京市高级人民法院的终审判决也暗示了"故意无视"的消极法律后果。

在深圳市福田区人民法院审理的"百丽案"中，被告嘉华公司在收到原告发出的律师函及本案诉讼材料后，对自己开办、管理的嘉华小商品市场内存在涉嫌侵犯原告注册商标专用权行为的事实属明知，主观过错十分明显。

2. 关于侵权人的责任分配

如果认定市场管理者构成商标侵权，那么其与直接侵权的经营户之间应如何分担法律责任？笔者认为，要回答这个问题须先厘清市场管理者承担间接侵权责任的性质。

（1）独立责任说。商场作为市场经济条件下商品经济的浓缩之地，应该要为保障市场的合法和有序运转承担更多的责任和义务。正如本案中，嘉华公司为经营者提供场地销售商品，在保护消费者权益的同时，也应保证商标权人百丽公司的利益。商场应当制定明确的准入"门槛"，在本商场内不能有侵犯商标权的行为发生，如果有经营户在本商场内销售假冒伪劣商品，一经发现，应当马上给予严重警告，如果不改正，就不能继续在本商场内从事经营行为。相反，如果商场对此类侵权行为熟视无睹，没有尽到维护商标权人利益的义务，也违背了民法中的诚信原则，对因此给商标权人带来的损失应当承担全部责任。

（2）连带责任说。我国《民法通则》第130条规定："二人以上共同侵权造成他人损害的，应当承担连带责任"。有学者认为经营者了实施销售假冒商品的侵权行为，而商场为经营者的行为提供了场地，应该属于最高人民法院《关于贯彻执行〈中华人民共和国民法通则〉若干问题的意见》第148条规定的"教唆、帮助他人实施侵权行为的人，为共同侵权人，应当承担连带责任。"根据这一观点，商场与实际经营户之间具有连带利益，商标权人所遭受的损失应当由商场与经营者承担连带赔偿责任。市场管理者明知侵权租户的行为而为其提供场地上的便利使两者在主观上具备共同侵犯他人商标权主观上的故意。当然，在确定各共同加害人各自的份额时，仍应当视共同行为人各自的主观过错程度和行为的原因力来综合判断。在市场管理者与租户之间的租赁合同中如果有免除或减轻市场管理者责任的条款，对外不发生法律效力。①

(3)补充责任说。有学者根据主责任人与次责任人之间法律关系的不同,将补充责任划分为监护性补充责任、经营性补充责任、担保性补充责任和民事性补充责任四大类型。也有学者认为,经营性补充责任还可以包括因承包、挂靠等经营原因而形成的补充责任。② 根据此观点,本案中真正侵犯商标权人百丽公司利益的是商场内的经营户,商场为这些经营户提供场地,负有监管不力的责任,但并不意味着百丽公司的损失是由商场造成的。此种观点认为商场和经营户有本质上的区别,商场并不参与商品的销售,其收入主要来自于经营户所缴纳的租金。如果根据权责相适应的原则,本案中商场负有监管不力的责任,仅需对百丽公司的损失承担相应补充责任。

通过对以上三种观点的分析,我们可以发现,独立责任最严苛,补充责任最为宽松,笔者认为司法实践中如何分配直接侵权人和间接侵权人的侵权责任要结合当前现实情况分析。由于销售侵权产品的经营户往往规模较小,没有固定的经营实体,一旦侵权行为被查获后,其成员就销声匿迹,商标权人诉求其赔偿损失会有一定困难,即使将其告上法庭,也不一定能够追回损失,诉讼风险很大;相反,类似于本案中被告嘉华公司这样的市场管理者资金雄厚,有正规的经营许可证照,商标权人如果将其告上法庭要求其承担侵权责任,一般都能被满足。相对而言,商标权人更愿意将商场告上法庭,弥补其所受损失,而不希望仅由经营户承担侵权责任。但在笔者看来,类似的案例发生后,如果司法实践采纳独立责任说,不区分具体情况一律让市场管理者承担侵权责任,将更加鼓励权利人放弃对直接侵权人的追究,不利于从源头上制止售假侵权行为。

而补充责任说又对市场管理者太过纵容,市场管理者有义务亦有能力规范商场经营行为,审查控制侵权产品流入市场。经营户的直接侵权行为

① 参见马宁、杨晖:《场地出租人的商标侵权责任——评北京市新秀水市场商标侵权案》,载《中华商标》2006 年第 2 期。

② 参见张凤翔:《连带责任的特点及其与相关民事责任之间的关系》,人民出版社 2006 年版,第 6 页。

与市场管理者的间接侵权行为是密不可分的，无论侵权人是直接还是间接侵犯了商标权，都应该承担相应的民事责任。

间接侵权人为侵犯商标权提供便利，直接侵权行为和间接侵权行为相结合发生了损害商标权人的后果，两者都对侵权行为具有主观上的故意，并且侵害行为与损害结果之间具有因果关系。虽然从表面来看，给商标权人造成损失的是侵权产品的经营者，但商标权人的损失是由经营者和市场管理者共同造成的，应由直接侵权人与间接侵权人对商标权人的损失承担连带责任。当然，法院可根据经营者、市场管理者过错程度的不同以及违法行为恶性程度确定各自的赔偿份额。

本案中，法官判决被告林某向原告赔偿经济损失人民币 15,000 元，被告嘉华公司在人民币 5000 元的范围内对被告林荣加的上述债务承担连带清偿责任，既明晰了经营者与市场管理者的连带责任，又合理分配了直接侵权人与间接侵权人的赔偿金额，在充分维护了商标权人的权益的同时，又平衡了各方当事人的利益。

3. 审判中遇到的其他疑难问题

总结深圳市福田区人民法院审理的市场管理者商标间接侵权案件，主要疑难问题如下：

（1）市场管理者能否视为销售者？一般而言，市场管理者以出租、物业管理等为其经营主业，对于消费者而言，其也不具有公示意义上的销售者身份。许多小商品批发市场、服装批发市场都是由市场管理公司将场地租赁给场内商贩进行经营，例如，上述“百丽案”中的嘉华公司就是典型的市场管理者，其职责是对市场进行管理，不应当被视为销售者。但司法实践中遇到过比较特殊的案例：权利人发现市场里有假冒其注册商标的产品销售，将市场管理者诉至法院，市场管理者无法指认实际经营人，或实际经营人并无经营资质，市场管理者代开发票。在此情形下，能否将市场管理者视为销售者，判令其承担直接侵权责任？

（2）另一种争议较大的案例是，商标权利人状告市场管理者要求其承担商标侵权责任，市场管理者申请追加实际经营人为共同被告参加诉讼，而权利人明确表示不追究实际经营人的责任，法院能否直接判令市场管理者的间接侵权责任？

四、竞价排名商标间接侵权责任的认定

当前网络营销异常火爆，而搜索引擎商提供的“竞价排名”则是网络营销的主要方式。网站通过利用他人商标（字段）作为关键字为其提高搜索结果页中的排名的行为十分频繁，大大超过了商标权利人对此种侵权行为的应付能力。一些商标权利人从间接侵权的原则性规定出发，要求法院认定“竞价排名”服务提供者构成商标间接侵权。

（一）典型案例介绍

原告：深圳市捷顺科技实业股份有限公司（捷顺公司）

被告：深圳市九鼎智能技术有限公司（九鼎公司）

百度（中国）有限公司（百度公司）

北京百度公司讯科技有限公司

深圳市福田区人民法院于2010年10月受理了捷顺公司诉九鼎公司、百度公司竞价排名商标侵权纠纷一案，原告诉称被告九鼎公司使用原告注册商标和企业名称“捷顺”进行广告宣传和互联网搜索链接等商业行为，被告百度公司实施了帮助、协助侵权行为，应承担共同侵权责任。请求判令两被告停止使用原告“捷顺”注册商标和企业字号的侵权行为，连带赔偿原告经济损失人民币200,000元，并公开赔礼道歉，以消除影响并承担诉讼费。

被告百度公司辩称，(1)“竞价排名”是一种技术手段，而非广告行为，而关键词搜索也不是商标法意义上的使用。(2)百度公司已经履行了事后删除的义务。百度公司已尽到诚信善意之人的注意义务，无须承担侵权责任。综上所述，不论被告九鼎公司行为是否构成侵权，构成何种侵权，百度公司已经尽到己方的注意义务，不存在过错，不应当承担侵权责任，若赋予百度

公司这样的网络服务提供商过高的注意义务,这将违背网络技术和产业发展的基本目标和价值取向——便利的信息交流与传播。综上,请求法院驳回原告对百度公司的所有诉请。

法庭审理认为,九鼎公司未经原告许可故意将与“捷顺”注册商标有相同文字的“捷顺停车场管理系统”“捷顺停车场”词组选定为百度公司站竞价排名关键词,撰写“九鼎捷顺停车场管理系统(安防十大品牌)全国联保”的链接标题及“深圳九鼎是一家专业研发生产捷顺停车管理系统,通道闸系统的厂家,品牌知名度享誉全”的推广信息,使在百度公司站以“捷顺”为关键词进行搜索所得排名首位的搜索结果系标题为“九鼎捷顺停车场管理系统(安防十大品牌)全国联保”的九鼎公司网站的链接,导致相关公众对原告与九鼎公司所提供的产品产生混淆和误认,并致使本拟通过“捷顺”关键词搜索原告网站的网络用户误入九鼎公司网站,从而提升九鼎公司网站和九鼎公司提供停车场管理系统产品的曝光率,吸引网络用户对九鼎公司网站及产品的注意力,为九鼎公司创造和提供更多的商业机会和交易的可能性,致使本应属于原告的市场关注和交易机会被九鼎公司获取。九鼎公司上述行为属于《商标法》第52条第1项所调整的范围,侵犯了原告对“捷顺”注册商标所享有的专用权。

作为竞价排名服务提供商的百度公司客观上为九鼎公司实施被控侵权行为提供了实质性帮助,存在有合理的理由知道的主观过错问题。按照权利与义务对等原则,该营利活动的经营者百度公司应当对关键词是否侵犯注册商标负有较高的审查义务。鉴于目前我国尚无法律法规明确规定竞价排名服务提供商的行为标准,因此在规范行业发展、维护网络健康秩序、平衡相关权利人利益和竞价排名服务提供商利益、兼顾公共利益的前提下,深圳市福田区人民法院认为在提供竞价排名服务时,依靠经营竞价排名业务获得收益,同时又具备避免或制止直接侵权行为能力的竞价排名服务提供商,还应积极履行审查竞价排名用户选定的关键词是否侵犯他人商标权的义务。本案中百度公司对九鼎公司选定的关键词是否侵犯他人商标权未作审查,未尽合理注意义务,主观上存在过错,客观上参与、帮助了九鼎公司实施了商标侵权行为，与九鼎公司构成共同侵权。据此，深圳市福田区人民法院判决被告九鼎公司、百度公司共同向原告捷顺公司赔偿经济损失人民币50,000元。

（二）争议焦点

1."竞价排名"行为的定性

"绿岛风案"中法院认为：被告谷翔公司作为Google. cn网站的经营者，其经营的业务范围包括通过网站发布互联网广告，实质上是提供链接服务的网络服务提供商，本案的被控侵权行为虽然有别于以往传统形式的广告行为，但是其实质上仍然是一种通过特定媒介"广而告之"的广告行为。[①]同时有学者认为"竞价排名"本身就是一种广告，未经商标权人许可在相同或类似产品的广告中使用商标权人商标的行为当然构成商标侵权。[②] 笔者认为"竞价排名"行为不是法律意义上的广告，《中华人民共和国广告法》第2条规定，在中华人民共和国境内，商品经营者或者服务提供者通过一定媒介和形式直接或者间接地介绍自己所推销的商品或服务的商业广告活动，适用本法。因此，广告从本质上讲是介绍产品和服务的来源的一种方式。在"上海大众搬场案""绿岛风案"以及上述"捷顺案"中，"竞价排名"的主要功能却不在于此。"捷顺"案中，在百度中输入"捷顺"后出现的是与"捷顺"商标无关的第三方网站，在"上海大众搬场案""绿岛风案"中，在搜索引擎中输入关键词后出现的同样的是第三方的网站，由此可见"竞价排名"的主要功能不在于介绍产品和服务，而在于链接第三方网站。从"竞价排名"的运行模式和技术意义上来讲，本质上是一种超链接，所谓的超链接是指从一个网页指向一个目标的连接关系，这个目标可以是另一个网页，也可以是相同网页上的不同位置，还可以是一个图片，一个电子邮件地址，一个文件，甚至

---

① 参见广州市白云区人民法院（2008）云法民三初字第3号"山港益电器有限公司诉广州第三电器厂、北京谷翔信息技术有限公司侵犯商标权纠纷案"民事判决书。

② 参见郭建龙、朱宗文：《谷歌百度"商标门"调查：竞价排名涉及侵权》，载《21世纪经济报道》2008年7月10日。

是一个应用程序。如果第三方网站的网址改变或者链接被切断,那么再点击原链接就不会出现第三方网站,从这个意义上来讲“竞价排名”并不是一种广告。因此,深圳市福田区人民法院在“捷顺案”中认为,竞价排名用户通过自行选定竞价排名关键词、自行撰写链接标题及网站推广信息以及自行设定点击价格,影响搜索关键词与竞价排名用户网站网页的技术关联度,从而使“竞价排名”用户网站网页在搜索结果中排序优先。“竞价排名”服务是对自然搜索结果进行人工干预,是按效果付费的网络经营模式。百度公司是“竞价排名”服务提供商,并不直接提供超出链接外的其他任何信息。从“竞价排名”的技术特征来看,其本质仍属根据关键词利用互联网技术进行的信息定位搜索的网络服务行为,并非广告法规范的广告活动。

2.“竞价排名”商标间接侵权的认定规则

间接侵权可分为“诱导侵权”与“帮助侵权”两种典型形式。“竞价排名”商标间接侵权多可归于帮助侵权。根据国外立法及国内较为成熟的理论研究,帮助侵权的成立需满足三个条件:(1)存在直接侵犯商标权的行为;(2)有诱导或帮助直接侵权的行为发生;(3)间接侵权人主观上存在过错。[①]其中,前两个条件在司法实践中一般较为明确,司法实践难以认定的往往是第三个条件间接侵权人的主观过错,也即网络服务提供商是否在知道或者有合理的理由知道他人正在实施侵权行为时仍然予以帮助。

对于帮助侵权人而言,主观过错体现在知晓他人正在或即将实施直接侵权行为。司法实践中,对于主观过错的判断主要基于个案中直接侵权行为的明显程度以及行为人对直接侵权行为的参与和控制程度等较为客观的事实状态。笔者认为,在具体认定网络环境下商标间接侵权者的主观过错时,可参考借鉴《信息网络传播权保护条例》的规定,要求满足“明知或者应

① 参见袁秀挺、胡宓:《搜索引擎商标侵权及不正当竞争的认定与责任承担——网络环境商标间接侵权“第一案”评析》,载《法学》2009 年第 4 期。

知”的条件。①

在上述“捷顺案”中，第三方网站假冒原告之名进行商业行为的情节比较明显，在明确认定第三方网站构成商标直接侵权的前提下，对于百度公司是否构成帮助侵权的间接侵权，尚需判断其是否实施了间接侵害行为，且在主观上存在过错。对此，深圳市福田区人民法院认为，从百度公司的行为内容和作用看，百度公司深圳分公司与九鼎公司签订《百度竞价排名合同》，九鼎公司自行设置其网站链接被点击一次向百度公司支付的费用，其选定的竞价排名关键词、撰写的链接标题及网站推广信息经百度中国审核后，使九鼎公司相关信息在百度公司站搜索用户搜索关键词后发送到用户的浏览器上。作为竞价排名服务提供商的百度公司在客观上为九鼎公司实施被控侵权行为提供了实质性帮助。关于百度公司的主观过错问题，判决从“明知”和“应知”两个层面进行了分析：(1)百度公司提供的竞价排名服务具备其他实质性非侵权功能，其在竞价排名合同中强调和要求竞价排名服务用户提交的推广信息不得含有侵犯他人合法权益的内容以及其已通过设置多种投诉渠道以供发现涉嫌侵权行为的权利人能够得到及时的事后救济等方面，并且，百度公司在收到原告起诉状后，即刻对于九鼎公司的推广服务予以终止。现有证据不能证明百度公司存在明知他人实施侵权仍然给予帮助的主观过错。(2)百度公司未尽合理注意义务，存在“应知”的过错。百度公司可以预见竞价排名用户选定的关键词存在侵权的可能且完全具备审查关键词的技术条件，原告的“捷顺”商标是广东省的著名商标，故作为具体完成竞价排名服务的百度公司深圳分公司应当知晓“捷顺”商标的知名度，按照权利与义务对等原则，该营利活动的经营者百度公司应当对关键词是否侵犯注册商标负有较高的审查义务。

也就是说，在上述案件中百度公司的侵权行为表现为以“应知不作为”

① 《信息网络传播权保护条例》第23条规定：网络服务提供者为服务对象提供搜索或者链接服务，在接到权利人的通知书后，根据本条例规定断开与侵权的作品、表演、录音录像制品的链接的，不承担赔偿责任；但是，明知或者应知所链接的作品、表演、录音录像制品侵权的，应当承担共同侵权责任。

的形式违反义务。百度公司的合理注意义务是因其提供收费服务而产生的,不能因一般搜索的"技术中立"而免除。当然,对百度公司的此种注意义务,也应作一定的区分。从理论上来讲,百度公司有条件审查到所有被链接网站侵权活动的存在,但不能就此推定百度负有审查以任何关键词参与竞价排名的网站的能力和义务。本案判决的逻辑起点并非"以他人商标作为竞价排名关键词构成侵权",而仍然是以参与竞价排名的网站可能实施侵犯商标权为前提。直言之,作为搜索引擎的百度公司所承担的注意义务的核心在于被链接网站的"资质"。从这个意义上来讲,假如关键词属于通用名称或不够知名,就不能以百度公司收费为由认定其有主观过错,但对于使用关键词具有"显而易见"的侵权倾向的,则应强化百度公司的注意义务。具体而言,百度公司在经营"竞价排名"服务过程中,至少负有两个方面的义务:一是判断商标关键词是普通词汇还是知名商标(字号)。若为知名商标,则需要审查营业执照、注册商标权利证书等相关资质证件,拒绝在未经同意的情况下将他人的文字商标作为关键词进行竞价排名;二是审查竞价排名关键词链接的目标网页是否明显有侵权内容。有学者指出,无论是从技术实现角度还是从成本效益和投入产出角度来讲,搜索引擎服务商在经营竞价排名有偿服务时必须负有审查知名商标作为关键词链接的目标网页内容合法性的义务。[①] 笔者亦认同此观点。

从合理注意义务的角度出发,本案中,百度公司存在的主要问题是:(1)对于以知名商标或字号作为关键词的申请,百度公司在收取相关费用后,没有对第三方网站的资质做任何合理的审查,故应认为其没有承担起与所获利益相称的义务。虽然百度公司辩称其没有能力对所有申请"竞价排名服务"的第三方网站进行资格审查,但事实上,根据"竞价排名"的服务流程,百度公司对所有的申请都没有在资质上作出要求。百度公司对申请网站并没有设置有效的资质审查程序,仅要求在网上填写简单的格式表格即

① 参见黄武双:《搜索引擎服务商商标侵权责任的法理基础——兼评"大众搬场"诉"百度网络"商标侵权案》,载《知识产权》2008 年第 5 期。

可，这显然无法被看作百度公司准备对申请人资质进行审查的意思表示。(2)对于以知名商标或者知名企业名称为关键词的申请人没有作较为严格的审核和区分。由于“竞价排名”服务带有一定的商业推广性质，既然涉及商业活动就不可避免会有商标侵权行为的存在。笔者认为，对于仅作为搜索引擎的百度公司，确实不必苛求其具有分辨侵权成立与否的能力，但百度至少应当尽力避免此类状况的发生。例如，对于以公认知名的商标与字号为关键词的申请人的经营资质及其与权利人的关系作较严格的审核，在进行涉黄涉反等最低限度的技术过滤和筛选以外，再设置一些可能涉及侵权的关键词。百度公司完全有能力进行此种审查，只要百度公司认真履行了审查义务，不仅可以使利用搜索引擎进行直接侵权的行为减少，也可以使自己在面临诉讼时不至于在行为认定方面陷入被动的境地。

五、对完善我国商标间接侵权制度的建议

如果说商标直接侵权的适用只需要充分关注对对商标权人的保护、对商标信誉的维护，那么商标间接侵权的适用则更多地体现了利益平衡的艺术。从国际情势来看，间接侵权在商标法领域中的确立已经成为一个不可逆转的大浪潮，在许多发达国家，商标间接侵权规则都已经有了比较长时间的发展，在理论上和司法实践上都已经比较成熟，特别是英美一些发达国家的司法判例已经很明确规定了商标间接侵权的规则，而且在司法实践中也产生了一批典型案例。我国在现在的时代背景下，商标立法现状滞后于时代的步伐，很有必要在借鉴国外的先进立法经验之基础上，结合我国的真实现状与需求，不断地积极研究，引入商标间接侵权制度并不断完善。

(一)商标法应明确区分“直接侵权”与“间接侵权”

我国商标立法对间接侵权的规定主要体现在《商标法实施条例》第75条的规定为侵犯他人注册商标专用权行为提供仓储、运输、邮寄、隐匿等便利条件的，属于侵犯注册商标专用权的行为。虽然该条款并没有直接说明

这种行为属"间接侵权",但是故意和帮助他人实施商标侵权为此侵权行为的构成要件,此种行为构成商标间接侵权是毫无疑问的。在司法实践中也出现了法院以此条款为依据认定侵权主体的行为构成商标间接侵权,也即为他人的直接侵权行为故意提供便利的侵权。但是,仅仅依据这一原则性规定来构建完善的商标权间接侵权制度是远远不够的,为了规制日益严重的商标间接侵权行为,法院在审理案件时一般以民法中关于共同侵权的规定为法律适用依据,这样做给现实带来了很大的困惑,①用共同侵权理论原则解决商标间接侵权实际上是把特殊的商标侵权当作一种相对独立的侵权行为,立法上的缺失或者说滞后造成致使商标间接侵权和直接侵权的界限模糊不清,在实践中根本无法正确解决各种类型的商标侵权行为,②甚至造成一种商标间接侵权行为游离于法律之外的现实断裂。虽然对与网络服务商所可能承担的知识产权责任在新出台的《侵权责任法》里有原则性的规定,但在商标法领域中仍然没有具体的规定。因此笔者认为要完善我国商标间接侵权制度,首要任务就是在商标法中为直接侵权与间接侵权划出清晰的界限。

(二)采取概括和列举相结合的立法模式

我国在进行商标间接侵权立法时,首先应当进行概括性规定,明确规定商标间接侵权的定义及构成要件,同时对典型的商标间接侵权行为进行列举性规定,包括:市场管理者的商标间接侵权;网络服务者的商标间接侵权;广告商、印刷商、包装商的商标间接侵权等内容。由上面的案例可见,这些间接侵权类型虽然在构成要件上基本一致,但各要件所包含的内容却并不完全相同,例如,在审查义务方面,对不同的行为人应当施加不同程度的审查义务,在主观过错程度上亦有不同的判断标准,因此有必要对常见的商标间接侵权主体制定商标间接侵权的特殊规则。

---

① 参见王迁、王凌红:《知识产权间接侵权研究》,中国人民大学出版社 2008 年版,第 126 页。

② 参见曲三强:《现代知识产权法》,北京大学出版社 2009 年版,第 298 页。

图书在版编目(CIP)数据

知识产权新型疑难案件法官裁判思维 / 陈新哲主编 ;
深圳市福田区人民法院编. -- 北京 : 法律出版社, 2017
(法治实践前沿丛书)
ISBN 978-7-5197-1833-6

Ⅰ. ①知… Ⅱ. ①陈… ②深… Ⅲ. ①知识产权法-审判-案例-中国 Ⅳ. ①D923.405

中国版本图书馆CIP数据核字(2017)第331166号

知识产权新型疑难案件法官裁判思维
ZHISHICHANQUAN XINXING YI'NAN ANJIAN FAGUAN CAIPAN SIWEI

陈新哲 主编
深圳市福田区人民法院 编

策划编辑 陈 妮
责任编辑 陈 妮
装帧设计 马 帅

出版 法律出版社
总发行 中国法律图书有限公司
经销 新华书店
印刷 固安华明印业有限公司
责任校对 马 丽
责任印制 吕亚莉
编辑统筹 财经出版分社
开本 710毫米×1000毫米 1/16
印张 14.5
字数 200千
版本 2018年1月第1版
印次 2018年1月第1次印刷

法律出版社/北京市丰台区莲花池西里7号(100073)
网址/www.lawpress.com.cn
投稿邮箱/info@lawpress.com.cn
举报维权邮箱/jbwq@lawpress.com.cn
销售热线/010-63939792
咨询电话/010-63939796

中国法律图书有限公司/北京市丰台区莲花池西里7号(100073)
全国各地中法图分、子公司销售电话:
统一销售客服/400-660-6393
第一法律书店/010-63939781/9782 西安分公司/029-85330678 重庆分公司/023-67453036
上海分公司/021-62071639/1636 深圳分公司/0755-83072995

书号:ISBN 978-7-5197-1833-6 **定价**:53.00元
(如有缺页或倒装,中国法律图书有限公司负责退换)